STUDENT VIEWER'S HANDBOOK

TO ACCOMPANY

DESTINOS

• • • • • • • • • • • • • •

AN INTRODUCTION TO SPANISH

STUDENT VIEWER'S HANDBOOK
TO ACCOMPANY

DESTINOS
· · · · · · · · · · · · · · · ·
AN INTRODUCTION TO SPANISH

BILL VANPATTEN
University of Illinois at Urbana-Champaign

MARTHA ALFORD MARKS

RICHARD V. TESCHNER
University of Texas, El Paso

Thalia Dorwick
Coordinator of Print Material for McGraw-Hill, Inc.

McGraw-Hill, Inc.
New York   St. Louis   San Francisco   Auckland   Bogotá
Caracas   Lisbon   London   Madrid   Mexico City   Milan
Montreal   New Delhi   San Juan   Singapore
Sydney   Tokyo   Toronto

Student Viewer's Handbook to accompany *Destinos*: An Introduction to Spanish

1 2 3 4 5 6 7 8 9 0   MAL   MAL   9 0 9 8 7 6 5

ISBN 0-07-067209-1

This book was set in Garamond by G & S, Inc.
The editor was Richard Mason.
The designer was Juan Vargas.
The production supervisor was Diane Baccianini.
Production assistance was provided by Edie Williams.
Malloy Lithographing, Inc. was printer and binder.

Library of Congress Cataloging-in-Publication Data

VanPatten, Bill.
   Student Viewer's Handbook to accompany *Destinos*: an Introduction to Spanish / Bill VanPatten, Martha Alford Marks, Richard V. Teschner.
   p.   cm.
   Includes index.
   ISBN 0-07-067209-1
   1. Spanish language—Textbooks for foreign speakers—English.   2. Destinos (Television program) I. Marks, Martha.   II. Teschner, Richard V.   III. Title.
PC4128.V36   1992 Suppl.
468.2'421—dc20   92-12110
                                                                                                       CIP

Grateful acknowledgment is made for use of the following photographs:

Page 11 © Stuart Cohen/Comstock; *38* and *40* (*right*) Museo del Prado; *40* (*left*) Museo del Prado/Más; *45* © Sergio Penchansky/Photo Researchers, Inc.; *62* © Peter Menzel/Stock, Boston; *71* © Fritz Henle/Photo Researchers, Inc.; *99* © Peter Menzel/Stock, Boston; *139* © Peter Menzel/ Stock, Boston.

Contents

Preface

To the Instructor

This Student Viewer's Handbook to Accompany *Destinos* is designed to help you use *Destinos* as a supplement in a wide variety of courses, at beginning, intermediate, or advanced levels of instruction. By using the Handbook, you and your students will enjoy viewing the fifty-two half-hour episodes of the television series more and get more out of them.

How to Use the *Destinos* Series

The fifty-two episodes can be viewed one per week over two academic years, two per week over a full year, or four or five per week for a full semester or quarter, depending on the course in which the series is used.

It is a good idea to have the episodes available in the Language Lab or Media Center so that students who miss a class meeting can view the episodes they missed. If the fifty-two episodes can be made available to students in a Lab or Media Center, *Destinos* can also be used purely as a supplement out of class: Students can work on the materials on their own as a homework assignment. If time and class goals permit, the materials can then be discussed in class.

How to Use the Student Viewer's Handbook

The fifty-two chapters of the Handbook correspond to the fifty-two episodes of the series. Here is one way to use the chapters:
- Have students do the sections called **Preparación** before coming to class. You may wish to go over the answers to **Preparación** activities in class before viewing the episode.
- Watch the episode in class with your students, then do the **¿Tienes buena memoria?** activities with the whole class.
- Assign the **Más allá del episodio** sections to be done at home, then go over the follow-up activities in class.

Because no answers are provided in the Handbook, most of the activities in these sections also make ideal homework assignments.

Composition Assignments and *Destinos*

Because *Destinos* is characterized by a strong ongoing story line, you will find that it is relatively easy to create composition assignments based on the series. The most fundamental composition topic to assign students is to ask them to write a summary of a given episode. However, you may find that they will write better compositions if such summary assignments are based on one or more of the six units of the series: Episodes 1–6, 7–11, 12–18, 19–26, 27–36, and 37–52. Individual story lines within the units and throughout all fifty-two episodes also make ideal composition topics.

Whatever the assignment, if you provide a framework for students they will write better compositions. The framework can be as simple as the following three-step approach, demonstrated with a writing assignment about what happened during the episodes of *Destinos* set in Argentina.

Paso 1: Make a list of eight to ten major events that happened while Raquel was in Buenos Aires. Use a complete sentence to describe each event. Make sure that the items in your list are eventually arranged in chronological order.

Paso 2: Reread your list and jot down additional details or interesting pieces of information that occur to you about the events.

Paso 3: Now rewrite your sentences in the form of a composition, supplying the details as additional sentences. Use transition words and phrases such as **Luego...**, **Después...**, **Por eso...**, and others as needed to make your composition flow smoothly.

It is also a good idea to lay a foundation for composition assignments in general by doing the first such composition as an activity for the whole class.

Testing with *Destinos*

When *Destinos* is used as a supplement, whether as the basis for activities for the whole class or as an assignment out of class, it is a good idea to include material related to the series on quizzes and exams. Here are a few suggestions for testing with *Destinos*.

- It is possible to take test items or even whole activities directly from the **¿Tienes buena memoria?** sections. This is one way to ensure that students will perform those activities carefully.

- Because *Destinos* has a strong story line and strong character development, it is relatively easy to develop true/false items about the series. Other appropriate—and easy-to-write—testing formats include matching, multiple choice, incomplete statements, and short answer questions.

- Whichever testing format you select, you should keep test items focused on the major events and characters in the series rather than on details that most students will not catch, especially if they only view each episode once. Questions about details (the name of a hotel, a particular street address, the name of a minor character, and so on) can be fun as challenging activities in class, but they will be unfair testing items for most students.

- Be sure to let students know how test items on *Destinos* will be evaluated. Is their knowledge of the story line the most important issue? Or will spelling, grammar, and vocabulary use in their answers also be evaluated?

• • • • •

Finally, as you use the series in class, remember that *Destinos* is first and foremost an exciting series to watch! Our classroom experience with the series and class tests performed by other instructors indicate that students will enjoy watching the episodes and that they will want to talk about many aspects of them. Remember to make time for such class discussion. You may be surprised by how lively it will become!

To the Student

Welcome to *Destinos*, a series of fifty-two half-hour television shows in Spanish. As you watch the shows, you will follow an unforgettable journey that has been designed to be enjoyable as well as instructional. You will not only follow the plot of an unfolding drama but will also experience, through the powerful medium of television, some of the places in which Spanish is spoken (including the United States).

The ease with which you understand the episodes of *Destinos* will depend in part on how much Spanish you have studied, and for how long. But one aspect of the television series will also help. As you watch the series, keep in mind that in each episode there are three kinds of Spanish. Two of them are specifically designed to be comprehensible to you: the Spanish spoken by an off-screen narrator and that spoken by a character called Raquel Rodríguez, who will review the major highlights with you at the end of each episode. You should be able to understand these two kinds of Spanish easily. In addition, each episode also contains segments of more rapid conversational Spanish, that is, when the characters are speaking to each other. In most cases, the characters' actions and the context of the continuing story line will allow you to get the gist of these conversations.

This Handbook can also help you a lot. It has been designed to make viewing the fifty-two episodes even more enjoyable, because it will help you to understand more of the Spanish you will hear in them.

Just as there are fifty-two episodes in the television series, there are fifty-two chapters in the Handbook. Most chapters have two main sections.

- You should do the section called **Preparación** (*Preparation*) before you watch each episode. This section will prepare you to view the episode by previewing information and conversations from that show as well as reviewing important information from previous shows.
- After you have watched each episode, the section called **¿Tienes buena memoria?** (*Do You Have a Good Memory?*) will help you test yourself about what you remembered from the episode. If you can answer most of the questions in the activities in this section, you will have understood enough of the show . . . even though you may not have understood every word.

In addition, many chapters of the Handbook have an extra section called **Más allá del episodio** (Beyond the Episode) in which you will learn more information about some of the characters and events in the series. Furthermore, the chapters that correspond to the review episodes of *Destinos* contain materials that will help you combine what you have learned so that you can talk about everything you have seen in the previous episodes.

And now it's time to begin the series. If you have not yet seen the first show, turn to page 1 of this Handbook, look at the unit opener, then do the **Preparación** section in **Episodio 1**. Then, only after you have finished, watch the first show. Here is how the story begins.

An old man has retired to his hacienda outside a small town close to Mexico City. With the wealth he has accumulated since leaving Spain at the end of its bloody Civil War, he is restoring the hacienda to its original sixteenth-century splendor. But his health has begun to fail, and now he hopes to live out the remainder of his years peacefully, in the tranquillity of the Mexican countryside.

Then a letter arrives—a letter in which a woman from Spain makes claims about the old man's past. . . .

Destinos
An Introduction to Spanish

Episodes 1–26

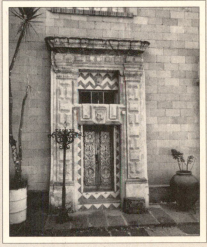

The story begins at La Gavia, a historic estate near Toluca, Mexico . . .

1

La carta

Sra. Teresa Suárez
Calle Pureza 21
Sevilla 43241
España

Fernando Castillo Saavedra
Socrates 19 P. H.
Polanco 11240
Mexico. D. F.

POR AVION   AIR MAIL

BEFORE VIEWING . . .

Be sure to complete the preview section (called **Preparación**) in **Episodio 1** before viewing **Episodio 1** (the video segment that corresponds to **Episodio 1** in this Handbook).

Preparación

You are about to watch **Episodio 1** from *Destinos*. At times you will hear narration in English that will explain things and help you follow along, and you will also hear a lot of Spanish. You will be able to understand much of what you hear because several kinds of Spanish are used. There is

- Spanish spoken directly to you by the narrator, which you will learn to understand with relative ease
- Spanish spoken directly to you by a special character, who will review the highlights of the video episode for you at the end of each show
- Spanish spoken by the characters to one another, which at first will be more difficult for you to understand.

As you watch the video episodes, especially at the beginning of the series, you should focus in particular on the Spanish spoken to you by the narrator and the special character. Just relax and listen, and you'll be surprised by how much you can understand. As for the Spanish spoken by the characters to each other, just try to get the gist (general idea) of it. As you continue with the series, you will find yourself understanding more and more of that type of Spanish.

Throughout the Handbook, the **Preparación** section is intended to start you thinking about the program and speculating about what may happen in the next video episode. So now, even before you watch the first episode, take a few moments to speculate about what it may be about. Look at the cover of this Handbook, at the opening page of the main text (on page 1), and at the **Episodio 1** opening page (with its titles and visual material). Think about what the series title, *Destinos*, might mean. If you guessed either *destinies* or *destinations*, you were right. The title of the series is a play on both words. Now complete the following activities.

Actividad A.
Where do you think the first episode of *Destinos* will take place?

1. _____ in the United States
2. _____ in Argentina
3. _____ in Mexico
4. _____ in Spain

Actividad B.
What do you think the principal setting will be?

1. _____ a restaurant
2. _____ a hacienda (an estate)
3. _____ a university campus
4. _____ a hotel

Actividad C.
What do you think will set the story in motion?

1. _____ a letter
2. _____ a telephone call
3. _____ a telegram
4. _____ a crime

When you have finished watching **Episodio 1**, come back and see how accurate your first guesses were. Read through the activities again at that time and change your answers if you wish.

AFTER VIEWING . . .

¿Tienes buena memoria?

In this repeating section of the Handbook you will review important information from the episode that you have just watched.

Actividad A.   ¿Quiénes son?
Now that you have watched **Episodio 1** of *Destinos*, look at the following photos and match them with the brief descriptions. As you do this activity, you will be reading brief, relatively easy sentences in Spanish. You should guess at the meaning of words you don't immediately understand.

a.

b.

c.

1. _____ Raquel es abogada. Vive en Los Ángeles.
2. _____ Fernando es el paciente de Julio, el médico.
3. _____ Es una persona muy misteriosa.

Actividad B. ¿Quién es don Fernando?

The word **don** is a title of respect used with a man's first name. Which of the following statements describe don Fernando? Indicate **sí** or **no**, according to what you now know about the character.

	SÍ	NO	
1.	_____	_____	Es profesor de literatura.
2.	_____	_____	Es miembro de la familia Castillo Saavedra.
3.	_____	_____	Necesita un doctor.
4.	_____	_____	Vive en La Gavia, una hacienda.
5.	_____	_____	Tiene una carta importante.

2

El secreto

BEFORE VIEWING . . .

Be sure to complete the preview section (called **Preparación**) in **Episodio 2** before viewing **Episodio 2** (the video segment that corresponds to **Episodio 2** in this Handbook).

reparación

As you prepare to watch **Episodio 2** from *Destinos*, remember the three kinds of Spanish you will hear: Spanish spoken directly to you by the narrator, Spanish spoken to you by Raquel, and the Spanish that the characters speak to each other. As you continue with the program, you will find that you understand more and more of all three kinds of Spanish.

Actividad A.

At the end of **Episodio 1**, you saw don Fernando crush a letter in his hand. Answer the following questions about the letter. As you read the questions, remember what you know about don Fernando and try to make logical guesses. There are no right or wrong answers so far.

1. ¿De dónde es la carta?
   _____ de España
   _____ de los Estados Unidos
   _____ de la Argentina
   _____ de otra parte de México

2. El narrador dice: «Don Fernando tiene un secreto importante. El secreto está en una carta... una carta importante.» ¿Cuál es el secreto de la carta? (¡OJO! tiene que ver con = *has to do with*)

   _____ El secreto tiene que ver con la vida privada de don Fernando.
   _____ El secreto tiene que ver con asuntos legales.
   _____ El secreto tiene que ver con la compañía de don Fernando.

Actividad B.

During **Episodio 1**, don Fernando says to Ramón, "Llama a tus hermanos. Y a tu tío Pedro." If **llamar** means *to call*, can you guess who Ramón will be calling in this episode?

Ramón va a llamar
_____ a otros médicos   _____ a una abogada
_____ a unos amigos   _____ a otras personas de la familia

When you have finished watching **Episodio 2**, come back and see how accurate your first guesses were. Read through Activities A and B again at that time and change your answers if you wish.

Actividad C.

Read the following phone call that Ramón will make to his brother Carlos during **Episodio 2**. Knowing that **Hoy vino...** means that someone *came today*, can you guess what Ramón is telling Carlos? (*Hint*: Remember what you saw in **Episodio 1**.)

Ramón le dice a Carlos que
a. _____ hoy vino una abogada
b. _____ hoy vino el médico para ver a don Fernando
c. _____ hoy vino Juan

CARLOS: ¡Ramón, qué milagro! ¿Cómo estás?
RAMÓN: Bien. ¿Y tú?
CARLOS: Bien.... Con mucho trabajo. ¿Qué pasa?
RAMÓN: Te tengo malas noticias...
CARLOS: ¿De papá?
RAMÓN: Sí. Hoy vino el médico y... ¿Puedes venir mañana, a La Gavia?
CARLOS: Sí. Claro que sí.
RAMÓN: Bien. Tengo que llamar a Juan. Te veré mañana. Adiós.
CARLOS: Bien. Te veo mañana.

Now read the conversation again. Knowing that **¿Puedes... ?** means *Can you . . . ?*, what do you think that Ramón is asking Carlos to do? What does Carlos answer?

Ramón desea que Carlos venga a
a. _____ un hospital
b. _____ la hacienda
c. _____ Los Ángeles

Carlos dice que _____ sí _____ no.

AFTER VIEWING . . .

¿Tienes buena memoria?

Actividad A. La familia de don Fernando

Today you met all of the known relatives in don Fernando's immediate family, plus a few other people. Review what you know about them by matching the people on the left with their descriptions on the right. Don't be discouraged if you can't get all of the items correct this time. You will be working with the same characters throughout the whole series. This is only your first chance to practice their names.

1. _____ Ramón
2. _____ Pedro
3. _____ Juan
4. _____ Carlos
5. _____ Mercedes
6. _____ Rosario
7. _____ Carmen

a. hijo de don Fernando; director de una compañía
b. esposa de don Fernando y madre de sus cuatro hijos
c. hija de don Fernando; vive en La Gavia
d. la esposa secreta de don Fernando
e. hijo de don Fernando; vive en La Gavia
f. hermano de don Fernando; profesor en México
g. hijo de don Fernando; profesor en Nueva York

¡Un desafío! ¿Tienes una memoria muy buena?

1. _____ Gloria
2. _____ Pati
3. _____ Consuelo
4. _____ Lupe
5. _____ Maricarmen
6. _____ Julio
7. _____ Ofelia
8. _____ Raquel

a. médico de la familia
b. esposa de Carlos
c. esposa de Juan
d. cocinera
e. hija de Consuelo y Ramón
f. secretaria de Carlos
g. antigua estudiante de Pedro
h. esposa de Ramón

Actividad B. ¿Dónde vive?

Not all of the characters live and work with don Fernando. Complete each statement by indicating where each person lives and what he or she does for a living.

Los lugares: la Ciudad de México, La Gavia, Los Ángeles, Miami, Nueva York

Las profesiones: Es director de la Compañía Castillo Saavedra, S.A.*
Es administrador/administradora de la hacienda.
Es profesor de literatura en la universidad.
Es profesor de derecho en la universidad.
Es abogada de derecho internacional.

MODELO: Carlos vive en _____ . Es _____ . →
Carlos vive en Miami. Es director de la Compañía Castillo Saavedra, S.A.

1. Carlos vive en _____ . Es _____ .

2. Ramón vive en _____ . Es _____ .

3. Mercedes vive en _____ . Es _____ .

---

*Castillo Saavedra, S.A. es la compañía de don Fernando. S.A. (Sociedad Anónima) significa *Inc.* en inglés.

4. Juan vive en _____ . Es _____ .

5. Pedro vive en _____ . Es _____ .

6. Raquel vive en _____ . Es _____ .

Actividad C. El secreto

At the family conference called by don Fernando, the patriarch revealed the information contained in the letter he received from Spain. Which of the following possibilities does he suggest? ¡OJO! There may be more than one right answer.

_____ Don Fernando tiene otra hacienda.
_____ Don Fernando tiene otra esposa.
_____ Don Fernando tiene otro hermano.
_____ Don Fernando tiene otro hijo.

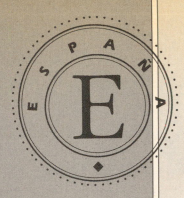

Un viaje a Sevilla (España)

La Catedral de Sevilla

3

El comienzo

Preparación

Actividad A.

In **Episodio 1** of *Destinos* you met Raquel Rodríguez. Indicate whether the following statements about Raquel are **Cierto** (**C**) or **Falso** (**F**).

C   F   1. Raquel es hija de don Fernando.
C   F   2. Es abogada.
C   F   3. Vive y trabaja en Los Ángeles.
C   F   4. Es mexicoamericana.
C   F   5. Cree que Rosario vive en España.

Actividad B.

In **Episodio 2** you learned information about a trip Raquel will take. Because this episode is called **El comienzo**, it is a safe bet that her trip will start in this episode.

Where will Raquel go and for what reason? What information does she already have? ¡OJO! There may be more than one appropriate answer.

1. Raquel va a viajar a
   _____ España
   _____ la Argentina
   _____ Puerto Rico

2. Raquel va a buscar a
   _____ Rosario, la primera esposa de don Fernando
   _____ Carmen, la segunda esposa de don Fernando
   _____ la persona que escribió la carta
   _____ otro hijo de don Fernando

3. Raquel probablemente sabe
   _____ el nombre del hijo de Rosario y don Fernando
   _____ el nombre de la persona que escribió la carta
   _____ el nombre de la calle donde la persona vive

Actividad C.

Read the following conversation that Raquel will have with the receptionist at her hotel in Spain. **¿Dónde está... ?** means *Where is . . . ?* Now that you know that, what does Raquel ask about?

RAQUEL: Perdone.
RECEPCIONISTA: Eh, sí, señorita.
RAQUEL: ¿Ud. sabe dónde está la calle Pureza?
RECEPCIONISTA: Sí, está en el Barrio de Triana.
RAQUEL: ¿Está muy lejos?
RECEPCIONISTA: Un poco.

Raquel pregunta dónde está
a. _____ Rosario
b. _____ la calle Pureza
c. _____ el hijo de Rosario y don Fernando

Now read the conversation again. **¿Está lejos?** means *Is it far away?* Now that you know that, what information does the receptionist give to Raquel?

RAQUEL: Perdone.
RECEPCIONISTA: Eh sí, señorita.
RAQUEL: ¿Ud. sabe dónde está la calle Pureza?
RECEPCIONISTA: Sí. Está en el Barrio de Triana.
RAQUEL: ¿Está muy lejos?
RECEPCIONISTA: Un poco.

El recepcionista dice que la calle Pureza
a. _____ está lejos, un poco lejos
b. _____ no está lejos
c. _____ está en el Barrio de Triana
d. _____ no está en la ciudad

AFTER VIEWING . . .

¿Tienes buena memoria?

Actividad A. ¿De quién se habla?

Indicate whether the following statements refer to Elena Ramírez (**E**) or to Teresa Suárez (**T**), her mother-in-law (**su suegra**).

E T 1. Vive en Madrid ahora.
E T 2. Tiene dos hijos jóvenes.
E T 3. Su hijo tiene esposa y dos hijos.
E T 4. Está en el mercado cuando llega Raquel
        a su barrio.
E T 5. Es la abuela de Miguel y Jaime.

Actividad B. ¿Cuánto saben?

Don Fernando's family knew nothing about the existence of Rosario. Based on what you have seen and heard in **Episodio 3**, do the following new characters have any information to give Raquel about the case?

a. Es posible.
b. No sabe nada.
c. Probablemente no sabe nada.

1. _____ Miguel Ruiz
2. _____ Elena Ramírez
3. _____ el esposo de Elena
4. _____ el taxista

Más allá del episodio: Raquel Rodríguez

Raquel Rodríguez es una abogada mexicoamericana. Es soltera.[1] Es una mujer muy inteligente. Es sensible,[2] sincera y generosa con sus amigos y colegas. También tiene mucha imaginación. A veces,[3] es un poco impaciente. En sus ratos libres,[4] le gusta ir de compras[5] y leer novelas. Los padres de Raquel viven en Los Ángeles. Están jubilados.[6] Raquel es hija única[7] y su madre se mete mucho[8] en su vida. Las dos se pelean[9] con frecuencia. Pero Raquel quiere[10] mucho a sus padres y los visita regularmente. Raquel también tiene familia en México.

[1]*single* [2]*sensitive* [3]*A... Sometimes* [4]*ratos.... free time* [5]*ir... to go shopping* [6]*ya no trabajan* [7]*hija... no tiene hermanos* [8]*se... gets very involved* [9]*se... fight* [10]*loves*

Raquel usa su computadora con frecuencia.

Raquel conoció[11] a Pedro Castillo en México. El bufete[12] donde Raquel trabaja tiene una sucursal[13] allí. Pedro ha tenido[14] mucho contacto con esa oficina y siempre ha admirado[15] el trabajo de Raquel. Por eso, Pedro se puso en contacto con Raquel cuando don Fernando reveló el secreto de la carta. Ella aceptó el caso inmediatamente.

Raquel está muy emocionada[16] porque éste es su primer viaje a España. Pero, ¿va a encontrar[17] a Teresa Suárez, la mujer que le escribió una carta a don Fernando? ¿y a Rosario, la primera esposa de don Fernando?

[11] *met* [12] *law office* [13] *branch office* [14] ha... *has had* [15] ha... *has admired* [16] *excited* [17] va... *is she going to find*

Perdido

BEFORE VIEWING . . .

Preparación

Actividad A.

In the last episode of *Destinos* you followed Raquel to Spain. What do you remember about her trip? Complete the following statements.

1. Raquel está ahora en... Barcelona / Sevilla / Madrid.
2. Tiene una carta escrita por... Teresa Suárez / Pedro Castillo / don Fernando.
3. Busca a... Miguel Ruiz / Elena Ramírez / Teresa Suárez.
4. En la calle, habla primero con... dos chicos / dos esposos / dos taxistas.
5. Dicen que la señora Suárez vive ahora en... Barcelona / Málaga / Madrid.
6. Caminan al mercado y Raquel habla con... Teresa Suárez / Elena Ramírez / Mercedes.
7. Elena es... la madre / la abuela / la hermana ...de los chicos.
8. Elena... tiene / no tiene / también desea ...información sobre Rosario.

Actividad B.

What do you think will happen in this episode? Try to predict what will happen by answering the following questions.

1. In **Episodio 3** you learned that Teresa Suárez is currently living in Madrid. Do you think that Raquel will be able to make contact with her? If so, how?
    a. _____ Teresa Suárez no desea hablar con Raquel.
    b. _____ Raquel no habla con Teresa Suárez en este episodio.
    c. _____ Raquel habla con Teresa por teléfono.

2. You also learned that Elena Ramírez knows nothing about the letter that señora Suárez wrote to don Fernando. Do you think her husband knows something?
    a. _____ El esposo de Elena no sabe nada.
    b. _____ El esposo sabe algo.

Actividad C.

Read the following conversation that Raquel will have with Miguel Ruiz, Elena's husband. **Ya hablé** means *I already spoke*. Now that you know that, with whom did Miguel speak and what did he learn?

a. _____ Miguel habló con Teresa Suárez.
b. _____ Miguel habló con Rosario.
c. _____ Miguel no sabe nada.
d. _____ Miguel sabe algo interesante.

RAQUEL: ¿Miguel, Elena le ha contado lo de la carta?
MIGUEL: Sí, y además ya hablé con mi madre por teléfono.
RAQUEL: ¿Y qué dijo? ¿Mencionó algo de Rosario?
MIGUEL: Realmente no.
RAQUEL: ¿Dijo algo de mi cliente, don Fernando?
MIGUEL: No. No dijo nada.
RAQUEL: Mi cliente, don Fernando, quiere saber qué pasó con Rosario. ¿Podría yo hablar por teléfono con su madre?
MIGUEL: No creo. Mi madre prefiere que Ud. vaya a Madrid.

Now read the conversation again. **Vaya** means *go*. Now that you know that, how will Raquel and Teresa Suárez make contact?

a. _____ La señora Suárez desea hablar con Raquel por teléfono.
b. _____ La señora Suárez desea hablar con Raquel en Sevilla.
c. _____ La señora Suárez desea hablar con Raquel en Madrid.

AFTER VIEWING . . .

¿Tienes buena memoria?

Actividad.   En este episodio

All of the following events took place during the two days shown in **Episodio 4**, but . . . in what order did they occur? Put them in order, from 1 to 3 or 4 in each group.

Por la noche

a. _____ Miguel revela su conversación con su madre.

b. _____ Raquel llama a Pedro Castillo por teléfono, y habla con él.

c. _____ Raquel decide viajar a Madrid, en tren.

Al día siguiente

a. _____ La familia entra en una pastelería.

b. _____ Miguel padre compra un perro.

c. _____ Osito se escapa y se pierde.

d. _____ La familia lleva a Raquel al mercado de los animales.

5

La despedida

reparación

Actividad A.

Although Raquel has not yet unraveled the secret of the letter, she has accumulated
some information and, being a lawyer, has kept careful records of it. How much do you
remember about the details of the case? In simple sentences, answer the following questions about Raquel's investigation.

1. ¿Cómo se llama la persona que escribió la carta?
2. ¿Dónde vive esa persona?
3. ¿Desea hablar con Raquel?
4. ¿Adónde necesita ir Raquel para hablar con ella?
5. ¿Sabe algo de Rosario la familia Ruiz?
6. ¿Cómo debe ir Raquel a Madrid?

Actividad B.

At the end of **Episodio 4**, the entire Ruiz family disappeared along with Raquel into the narrow streets of el Barrio de Santa Cruz. What do you think will happen in this video episode? In each group, choose the statement that best expresses what you expect to see.

1. _____ Jaime encuentra a su perro.
   _____ Hay un accidente y Osito está muerto.
2. _____ Jaime se pierde también en el Barrio de Santa Cruz.
   _____ Raquel se pierde también.
3. _____ Raquel sale para Madrid.
   _____ Raquel decide quedarse (*to stay*) en Sevilla otro día.

Actividad C.

Read the following conversation between Raquel and Elena Ramírez in the Barrio de Santa Cruz. **¿Dónde nos encontramos?** means *Where shall we meet?* Now that you know that, try to listen for the name of their meeting place.

1. Elena dice que van a encontrarse en
   a. _____ otra calle
   b. _____ un café
   c. _____ La Giralda

ELENA: Yo voy por esta calle. Y Ud., vaya por ésa.
RAQUEL: Sí, sí. Pero… espere. ¿Dónde nos encontramos?
ELENA: En la Giralda… a las once y media.
RAQUEL: Sí, está bien, pero… ¿dónde está la Giralda?
ELENA: Allí, en aquella torre.
RAQUEL: De acuerdo. Y buena suerte.
ELENA: Gracias.

Now read the conversation again. Knowing that Raquel and Elena have arranged to meet, can you determine approximately at what time they will meet? *Hint*: Listen for a number.

2. Elena y Raquel van a encontrarse aproximadamente
   a. _____ a las dos
   b. _____ a las once

AFTER VIEWING . . .

¿**T**ienes buena memoria?

Actividad A. Por la mañana

The events of the morning in Sevilla involve primarily three characters: Raquel, Jaime, and a new character, **el ciego**. Match those characters with the statements that describe them or indicate what they do in the video episode. ¡OJO! More than one name may be possible for each statement.

1. _____ Corre por las calles del Barrio.

2. _____ Habla con un niño en la calle.

3. _____ Encuentra al perro en la Plaza de las Tres Cruces.

4. _____ Habla con el ciego.

5. _____ Vende cupones de la lotería.

6. _____ Necesita estar en la Giralda a las once y media.

7. _____ Dice que tener un perro es una gran responsabilidad.

8. _____ Compra caramelos.

9. _____ Se pierde.

10. _____ Entra en la Catedral.

Actividad B. Por la tarde y al día siguiente

All of the following events took place after everyone was found in **Episodio 5**, but . . . in what order did they occur? Put them in order, from 1 to 7.

a. _____ Raquel compra un billete en el Rápido (= un tren muy rápido).
b. _____ Desean visitar el Alcázar.
c. _____ Al día siguiente, llegan a la estación del tren.
d. _____ Desgraciadamente, el Alcázar está cerrado.
e. _____ Cenan en un restaurante elegante.
f. _____ El tren sale de la estación.
g. _____ Todos dicen adiós.

Más allá del episodio:
Don Fernando Castillo Saavedra

Don Fernando
recuerda[1] a Rosario,
su primera esposa.

Para su familia, don Fernando es una persona buena y generosa. Pero cuando era joven, era un hombre muy duro y ambicioso. Cuando llegó a México, después de[2] la Guerra Civil española, no tenía nada. En pocos años se convirtió en un gran industrial, pero… hay muchas personas que no tienen precisamente buenos recuerdos[3] de él.

[1]*remembers* [2]después… *after* [3]*memories*

Don Fernando adora a su familia. También le gusta mucho su papel[4] de patriarca de la familia. Tiene gran influencia sobre sus hijos.

Es curioso, pero don Fernando nunca habla de su pasado. Nace[5] en Bilbao, una ciudad en el norte de España. Se casa[6] muy joven con Rosario. Después de la boda, los dos viven en Guernica. Cuando comienza la Guerra Civil, Fernando es soldado del ejército[7] republicano. Después del bombardeo de Guernica, busca desesperadamente a Rosario, pero no la encuentra. Cree que Rosario está muerta. Por eso se va a Madrid y al final de la Guerra toma un barco con destino a México.

Don Fernando nunca le habló de Rosario a Carmen, su segunda esposa, ni[8] al resto de su familia. Pero Carmen siempre creyó que él tenía un gran secreto—¿un gran amor?—en España. Los hijos no sospechaban nada. Cuando don Fernando recibió una carta de España, decidió buscar a Rosario. Así[9] comenzó la búsqueda[10] de Raquel.

[4]*role* [5]*He is born* [6]Se... *He marries* [7]*army* [8]*nor* [9]*Thus, In that way* [10]*search, quest*

¿Maestra?

reparación

Actividad A.

In previous episodes of *Destinos* you have followed Raquel's investigation to Spain.
What do you remember about her investigation and trip? Select the correct statement
in each group.

1. ____ a. En Sevilla, Raquel habla con uno de los hijos de Teresa Suárez.
   ____ b. En Sevilla, Raquel habla con Teresa Suárez.
2. ____ a. Raquel sale de Sevilla para Madrid.
   ____ b. Raquel sale de Madrid para Sevilla.
3. ____ a. Raquel va en avión.
   ____ b. Raquel va en tren.

Actividad B.

What do you think will happen in this video episode? Try to predict what will happen by answering the following questions.

1. Raquel will speak to this person on the train. Who do you think he is?
   _____ Es reportero.
   _____ Es el conductor del tren.

2. What do you think this person wants?
   _____ Desea entrevistar a Raquel.
   _____ Desea viajar con Raquel en su compartimiento.

Actividad C.

Here is part of a conversation that Raquel will have with someone on the train. Read through the conversation to get a general idea of what it is about.

—Aquí estoy en el Rápido de Sevilla a Madrid. Conmigo está la ganadora del premio especial de la Organización Nacional de Ciegos.
—¿La lotería?
—Ud. estará muy contenta de su buena suerte.
—Perdone, pero no sé de qué habla.
—Esta maestra de primaria es la señora Díaz. Su clase de sexto grado le compró un cupón y...

Now read the conversation again. **Su buena suerte** means *your good luck*. Now that you know that, can you guess the meaning of the words **ganadora** and **premio**?

1. La palabra **ganadora** significa
   a. _____ a person who lives in Granada
   b. _____ winner

2. La palabra **premio** significa
   a. _____ primary
   b. _____ prize

3. Based on your guesses so far, on the title of this video episode (called **¿Maestra?**), and on what you have learned in **Actividad C**, what do you think is happening?
   a. _____ El hombre cree que Raquel es otra persona.
   b. _____ El hombre sabe algo de don Fernando y busca más información, como Raquel.

AFTER VIEWING . . .

¿**T**ienes buena memoria?

Actividad A.   Los nuevos personajes

The most important new character in this video episode appears to be the reporter. What do you remember about the interaction between him and Raquel? Complete the following statements. ¡OJO! There may be more than one right answer in some cases.

1. El reportero se llama... Federico Suárez / Alfredo Sánchez.

2. Alfredo cree que Raquel es... la ganadora de un premio / una reportera para la televisión / una maestra de primaria.
3. Alfredo... encuentra / no encuentra ...a la maestra de primaria durante este episodio.
4. Raquel... acepta / rechaza... el interés que tiene el reportero en el caso de don Fernando.
5. El reportero... desea investigar más / acepta la negativa de Raquel.

Actividad B.   En este episodio

All of the following events took place during the trip shown in **Episodio 6**, but . . . in what order did they occur? Put them in order, from 1 to 4 in each group.

En el compartimiento de Raquel

a. _____ Raquel dice que no es la ganadora del premio.
b. _____ Un reportero desea entrevistar a Raquel.
c. _____ Raquel escribe en su computadora. Está sola.
d. _____ Otro señor entra en el compartimiento.

Luego

a. _____ Raquel dice que el caso es un secreto.
b. _____ El tren llega a la estación.
c. _____ El reportero pregunta mucho sobre el caso de Raquel.
d. _____ Raquel y el reportero comen algo.

En la estación del tren

a. _____ Raquel sale en taxi.
b. _____ Ve el sobre de la carta.
c. _____ El reportero acompaña a Raquel a un taxi.
d. _____ El reportero llama a su oficina.

Repaso de los episodios 1–5

Actividad.   Resumen

Complete the following summary of the first five video episodes of *Destinos* with words from the following lists. ¡OJO! Not all of the words will be used.

Nombres: Jaime, don Fernando, Teresa Suárez, Miguel, Rosario, Ramón

Miembros de la familia: el esposo, el hijo, el hermano, el tío

Lugares: México, España, La Gavia, Sevilla, Madrid

Verbos: toma, investiga, vende, vive, compra, encuentra, saben

Otras palabras: algo, nada, siempre

En México, un hombre muy viejo está gravemente enfermo. Se llama _____.[1] Este señor recibe una carta y la carta tiene un gran secreto. El señor revela el secreto a su familia: que su primera esposa, _____,[2] no murió en la Guerra Civil española.

Pedro, el _____³ de don Fernando, llama a Raquel Rodríguez. Raquel va a viajar a _____,⁴ a la ciudad de _____,⁵ para buscar a _____,⁶ la persona que escribió la carta. Pero la señora ya no _____⁷ allí. Raquel habla con Elena Ramírez y con su _____,⁸ Miguel Ruiz, quien es también un _____⁹ de Teresa Suárez. Ellos no _____¹⁰ nada de la historia de Rosario.

El domingo Raquel acompaña a la familia al mercadillo de los animales. Los hijos de Miguel y Elena quieren un perro y su padre _____¹¹ uno. ¿Y qué pasa? El perro se escapa y _____¹² se pierde en las calles de Sevilla buscándolo. Raquel corre por las calles también y finalmente _____¹³ a Jaime. Los dos hablan un poco con un hombre ciego que _____¹⁴ cupones de la lotería.

Por fin Raquel y Jaime se reúnen con el resto de la familia. Al día siguiente Raquel _____¹⁵ un tren para Madrid. Allí vive la señora Suárez con otro hijo. Raquel todavía no sabe _____¹⁶ de Rosario.

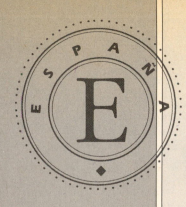

Un viaje a Madrid (España)

La Plaza Mayor de Madrid

La cartera

DIA _____   COMUNICACION DE

HORA _____

RECIBIDO POR: _____   _____

MENSAJE

☐ HA LLAMADO
☐ HA VENIDO

D. *Alfredo,*
¿Qué pasó? ¡Lo busqué y no lo encontré!
Resulta que tengo que reunirme
con una persona. Por favor, deje
mi cartera en la recepción.
¿Me podría llamar esta noche?

Raquel Rodríguez.

BEFORE VIEWING . . .

Preparación

Actividad A.

In the last episode of *Destinos* Raquel left Sevilla by train, on her way to Madrid to meet Sra. Suárez. What happened on the train? Indicate what you remember by identifying these two men.

1. _____ Viaja con Raquel en su compartimiento.
2. _____ Es reportero de la televisión.

a.   b.

Now indicate whether the following statements about **Episodio 6** are **Cierto** (**C**) or
Falso (**F**).

C   F   1. El reportero cree que Raquel es otra persona.
C   F   2. El reportero no sabe por qué Raquel está en España.
C   F   3. El señor que viaja en el compartimiento con Raquel se llama Alfredo Sánchez.
C   F   4. El reportero no tiene ningún interés en el caso que investiga Raquel.

Actividad B.

What do you think will happen in this episode of *Destinos*? Indicate whether the following events are likely (**Probable**) or unlikely to happen (**Improbable**).

P   IMP   1. Raquel finalmente conoce a la Sra. Suárez.
P   IMP   2. El reportero sigue a Raquel porque quiere saber algo más del caso.
P   IMP   3. El reportero encuentra a la maestra que ganó el premio de la lotería.
P   IMP   4. El reportero es persistente. Por fin Raquel le dice algo del caso que
              investiga.

Actividad C.

Here is one of the new characters you will meet in **Episodio 7**. Look at the photo and
read the brief description. Then indicate who you think the man might be.

1. _____ Es el asistente que trabaja con el reportero.
2. _____ Es el recepcionista del hotel donde se aloja Raquel en Madrid.
3. _____ Es un hijo de la Sra. Suárez; vive en Madrid con ella.
4. _____ Es el hijo de don Fernando y Rosario.

Este hombre es de Sevilla, pero ahora vive en Madrid. Tiene dos hermanos. Uno vive en
Barcelona; el otro vive en Sevilla y es guía turístico. ¿Quién será?

Actividad D.

Here is part of a conversation that Raquel will have with a bellhop (**un botones**) at her
Madrid hotel. Read through the conversation to get a general idea of what it is about.

BOTONES: ¡Qué pena lo de la cartera! Ojalá la encuentre pronto.
RAQUEL: Gracias. Un amigo está buscando el taxi ahora mismo. ¿Me puede hacer el
           favor de dejar un mensaje con el recepcionista?
BOTONES: Con mucho gusto, señorita.
RAQUEL: Cuando vuelva mi amigo, que me llame por teléfono.
BOTONES: ¿Y cómo se llama su amigo?
RAQUEL: Alfredo Sánchez. Bueno, realmente no es mi amigo. Es un reportero que
           conocí en el tren.

Now read the conversation again. **Dejar** means *to leave*. Now that you know that, can
you guess the meaning of the word **mensaje**?

La palabra **mensaje** significa
a. _____ messenger
b. _____ message

Based on your guesses so far, on the title of this video episode, and on what you have
learned in **Actividad D**, what do you think will happen to Raquel?

a. _____ Raquel pierde su cartera.
b. _____ Raquel encuentra la cartera de otra persona, una persona muy importante
           para el caso.

¿Tienes buena memoria?

Actividad A. ¿Quién... ?

In **Episodio 7** you met some new characters and there is some confusion about who is who! Show that you know the characters by matching the following characters with their brief description.

1. _____ Federico Ruiz
2. _____ Alfredo Sánchez
3. _____ el Sr. Díaz

a. un reportero
b. otro hijo de la Sra. Teresa Suárez
c. el botones que toma el mensaje de Raquel
d. un maestro de primaria

Now match the following characters with the statements that describe them or that relate what they do in the episode. ¡OJO! More than one name may be possible for each statement.

a. Federico Ruiz
b. Alfredo Sánchez
c. el Sr. Díaz

d. Raquel Rodríguez
e. Teresa Suárez

1. _____ Pierde su cartera.
2. _____ Encuentra la cartera perdida.
3. _____ Busca a Raquel en el hotel.
4. _____ Quiere conocer a Raquel.
5. _____ Está alojado/a en el Hotel Príncipe de Vergara.
6. _____ Espera a una persona en el hotel.

Actividad B. ¿Qué pasa?

At this point, you know more about what happened this evening at the Hotel Príncipe de Vergara than some of the characters do! Answer the following questions about the slightly confusing events that happened in **Episodio 7**.

1. ¿Por qué no recibe Raquel su cartera en este episodio?
   a. _____ Porque Alfredo dice que no puede llegar al hotel hasta mañana.
   b. _____ Porque Raquel no puede encontrar a Alfredo y decide irse con Federico.

2. ¿A quiénes confunde el botones cuando escribe la nota?
   a. _____ Confunde a Alfredo Sánchez con Federico Ruiz.
   b. _____ Confunde al Sr. Díaz con Alfredo Sánchez.

3. ¿Qué confusión hay con el Sr. Díaz en la recepción?
   a. _____ Creen que es una *señora*.
   b. _____ No tienen su reservación.

El encuentro

Preparación

Actividad A.

In the last video episode of *Destinos*, you watched a "comedy of errors" that occurred at Raquel's hotel. Things were lost, everyone was looking or waiting for someone else, and identities were confused. To be sure that you have understood the details, match these statements with the characters who made them.

a. Raquel Rodríguez b. Federico Ruiz c. el Sr. Díaz
d. Alfredo Sánchez

1. _____ «¡Huy! No encuentro mi cartera.»
2. _____ «No se preocupe. José María y yo se la vamos a buscar.»
3. _____ «Perdón. Hay un error. La tarjeta está a nombre de la Sra. Díaz.»
4. _____ «Ya he conseguido su cartera.»
5. _____ «Por ser tan amable, lo invito a tomar algo.»

6. _____ «Mi madre está muy agradecida y quiere invitarla a cenar con nosotros en casa esta noche.»

¡Un desafío! Can you also indicate with whom each character is speaking?

Actividad B.

The title of this episode, **El encuentro**, refers to the fact that Raquel will finally talk to Teresa Suárez. What questions is Raquel likely to ask her? Indicate whether it is **Probable (P)** or **Improbable (IMP)** that Raquel will ask these questions.

P IMP 1. ¿Por qué vive Ud. ahora en Madrid?
P IMP 2. ¿Dónde está Rosario ahora?
P IMP 3. ¿Cuándo murió el Sr. Ruiz, su esposo?
P IMP 4. ¿Cómo sabe Ud. que don Fernando fue el esposo de Rosario?
P IMP 5. ¿Cómo se llama el hijo de Rosario y don Fernando?

Now formulate two more questions that Raquel might ask Sra. Suárez. How do you think Sra. Suárez will answer all of these questions?

Actividad C.

In this activity you will learn about some key words and phrases that will enhance your understanding of **Episodio 8**.

Paso 1

Read the following excerpt from Raquel's conversation with Teresa Suárez.

SRA. SUÁREZ: La última carta que recibí de ella fue cuando se casó de nuevo.
RAQUEL: ¿Se casó de nuevo?
SRA. SUÁREZ: Pues, sí. Rosario era muy atractiva... muy simpática. Y como creía que Fernando había muerto...
RAQUEL: Sí, sí. Lo comprendo. ¿Y con quién se casó?
SRA. SUÁREZ: Con un hacendado...

Now read the following sentences.

Don Fernando se casó con Rosario en 1935.
Don Fernando se casó con Carmen en 1942.
Teresa Suárez se casó con Juan Ruiz en 1941.

What do you think the phrase **se casó** means? If you guessed *got married*, you were right.

Paso 2

Look at this document, then answer the questions that follow.

This document is called **un certificado de nacimiento**. What kind of document do you think it is?

a. _____ an invitation to a function of some kind
b. _____ a letter
c. _____ a birth certificate
d. _____ a marriage license

Paso 3

As you know, Sra. Suárez is much older than Raquel. After Raquel has asked her questions, Teresa has a few of her own. Read this excerpt from their continuing conversation, and pay particular attention to the phrase **cuando yo tenía su edad.**

SRA. SUÁREZ: ¿Es Ud. pariente de Fernando?

RAQUEL: No. Soy abogada. La familia de él me pidió que investigara el paradero de Rosario.

SRA. SUÁREZ: Así que tampoco es amiga cercana de la familia...

RAQUEL: Realmente no. Conozco bien a Pedro, el hermano de don Fernando.

SRA. SUÁREZ: Una señorita como Ud. tan atractiva, bien educada... ¡Y abogada! Eso era casi imposible cuando yo tenía su edad. Y ahora es tan corriente.

Now answer the following question. What do you think Teresa means when she says **cuando yo tenía su edad**?

a. _____ When I met my husband . . .
b. _____ When I was your age . . .
c. _____ When I left my home . . .

AFTER VIEWING . . .

¿Tienes buena memoria?

Actividad A.   ¿Quién lo hizo?

The following statements summarize the main events of **Episodio 8**. Who carried out each one? ¡OJO! More than one name may be possible for each statement.

¿Quién... ?

a. Raquel
b. Teresa
c. Federico

1. _____ Finalmente conoce a la Sra. Suárez.
2. _____ Hace varias preguntas.
3. _____ Dice que Rosario vive en la Argentina.
4. _____ Dice que don Fernando está en el hospital.
5. _____ Tiene una carta de Rosario.
6. _____ Toma un fino y cena.
7. _____ Cuenta la historia del perro perdido.
8. _____ Lleva a Raquel a su hotel.
9. _____ Llama a Elena Ramírez.
10. _____ Recibe un TELEX.

Actividad B. ¿Quién lo va a hacer?

In **Episodio 8** the character made a number of plans for the near and distant future. Indicate who is going to do each of the following by matching the names on the left with the plans on the right.

1. _____ Raquel
2. _____ el Sr. Díaz
3. _____ Federico
4. _____ Alfredo Sánchez

a. Va a conseguir un certificado de nacimiento.
b. Va a ver a Raquel mañana.
c. Va a darle una foto a la Sra. Suárez.
d. Va a visitar un taller de guitarras.
e. Tiene que viajar a la Argentina.
f. Va a visitar un museo famoso.
g. Va a darle una cartera a Raquel.

Actividad C. ¿Qué más sabes ahora?

Raquel is finally finding out something about Rosario.

Paso 1

Indicate which of the following pieces of information Teresa Suárez gives Raquel.

1. _____ el nombre del segundo esposo de Rosario
2. _____ el número de teléfono de Rosario
3. _____ la fecha en que Rosario se casó con don Fernando
4. _____ la dirección de Rosario en la Argentina
5. _____ el cumpleaños de Rosario
6. _____ el nombre del hijo de Rosario y don Fernando

Paso 2

Now complete the following version of Raquel's review. Choose words and phrases from this list.

murió	la Argentina	un hijo	se casó
no murió	México	una hija	no se casó

La Sra. Suárez me cuenta la historia de Rosario. Rosario _____¹ durante la Guerra Civil española. Tampoco murió don Fernando. Pero los dos creían que el otro había muerto. Rosario sí tuvo _____² llamado Ángel. Rosario y su hijo fueron a vivir a _____.³

Allí Rosario _____⁴ de nuevo. Su segundo esposo se llama Martín Iglesias.

Estaciones

Preparación

Actividad A.

Episodio 8 was important in terms of the progress of Raquel's investigation. For the first time, Raquel has learned some concrete information about the case she is investigating. How much do you remember about the progress she made? Indicate whether the following statements are **Cierto** (**C**) or **Falso** (**F**). If Raquel still does not know a particular piece of information, indicate **no se sabe todavía** (**NSS**).

1. Raquel descubre que Rosario
        C   F   NSS   a. no murió en la guerra.
        C   F   NSS   b. no tuvo un hijo.
        C   F   NSS   c. se fue a vivir a la Argentina.
        C   F   NSS   d. nunca se casó de nuevo.
        C   F   NSS   e. murió en la Argentina.

2. Al final del Episodio 8, Raquel
   C F NSS a. llama a Elena Ramírez.
   C F NSS b. necesita saber la dirección de Rosario en Buenos Aires.
   C F NSS c. quiere un certificado de nacimiento.
   C F NSS d. tiene la cartera perdida.
   C F NSS e. recibe una carta.

Actividad B.

At the end of the last video episode Raquel received a TELEX. What do you think the TELEX is about? Choose the description that best expresses your expectations.

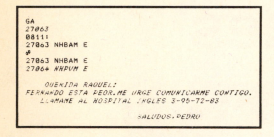

```
GA
27063
0811:
27063 NHBAM E
*
27063 NHBAM E
27064 NHPVM E

   QUERIDA RAQUEL:
FERNANDO ESTA PEOR. ME URGE COMUNICARME CONTIGO.
LLAMAME AL HOSPITAL INGLES 3-95-72-83

          SALUDOS, PEDRO
```

1. _____ Es un TELEX de Pedro. Le dice a Raquel que don Fernando está muy mal. Ella debe llamar a la familia Castillo inmediatamente.
2. _____ Es un TELEX de la oficina de Raquel en Los Ángeles. Ella tiene que volver a la oficina lo más pronto posible.
3. _____ Es un TELEX del hotel Doña María, en Sevilla. Tienen algunas cosas que Raquel dejó en el hotel.

AFTER VIEWING . . .

¿Tienes buena memoria?

Actividad A.   ¿Quién lo hace?

Match the following events or actions from the video episode with the person or persons associated with them. ¡OJO! More than one character may be associated with each item.

a. Teresa Suárez
b. Raquel Rodríguez
c. el Sr. Díaz

d. Federico Ruiz
e. Alfredo Sánchez

1. _____ Va a un taller de guitarras para ver a Federico.
2. _____ Le da algo a Raquel.
3. _____ Escucha música.
4. _____ Quiere saber más acerca de un caso interesante.
5. _____ Revela la información correcta acerca de un caso.
6. _____ Compra ropa.
7. _____ Aprende algo acerca de un caso.
8. _____ Va a una agencia de viajes.

Actividad B.   Problemas nuevos y viejos

In **Episodio 9** a number of situations either escalated or were resolved or averted. Did you catch the most important details about them?

Acerca de don Fernando

C F 1. Está en el hospital.
C F 2. Ya murió.
C F 3. Ahora está mucho mejor.

Acerca de «la maestra»

C F 4. La maestra que ganó el premio es maestro.
C F 5. El Sr. Díaz es el maestro.
C F 6. Alfredo ya no quiere saber la historia del cupón.

Acerca de Raquel

C F 7. No tiene reservación para la Argentina.
C F 8. No tiene ropa apropiada para la Argentina.

10

Cuadros

Preparación

Actividad A.

During the last video episode of *Destinos*, several situations were "wrapped up" and others continued to develop. Indicate whether the following statements about the episode are **Cierto** (**C**) or **Falso** (**F**).

C F 1. Don Fernando está muy mal; está ahora en el hospital.

C F 2. Raquel pierde su cartera de nuevo.

C F 3. Raquel necesita comprar ropa porque en la Argentina es otoño.

C F 4. Alfredo convence a Raquel de que el caso de don Fernando debe presentarse en la televisión.

C F 5. Elena llama a Raquel para decirle que no puede obtener el certificado de nacimiento de Ángel Castillo.

Actividad B.

In this video episode you will see Raquel's last night and day in Madrid. Based on what you learned in the last episode and on your intuition, what do you think she will do?

Sí   No   1. ¿Va a ver a Alfredo y al Sr. Díaz una vez más?
Sí   No   2. ¿Va a conocer a la novia de Federico?
Sí   No   3. ¿Va a despedirse de la Sra. Suárez?

El título de este episodio es «Cuadros». ¿Qué lugar crees que Raquel va a visitar en este episodio?

4.   a. _____ la casa de un artista   c. _____ una galería de arte
     b. _____ un museo

Actividad C.

You have seen in other video episodes that Sra. Suárez has a tendency to comment on the actions of others. Read the advice she gives Raquel as they say good-bye. **El corazón** means *heart*.

SRA. SUÁREZ: Gracias, Raquel. Que tenga muy buen viaje.
RAQUEL: Gracias, señora.
SRA. SUÁREZ: Si vuelve otra vez a Madrid, ya sabe que aquí tiene unos amigos.
RAQUEL: Muchas gracias.
SRA. SUÁREZ: Y algo más. Hay algo más en la vida que el trabajo. Hay que dedicarle tiempo al corazón.

What kind of advice do you think Sra. Suárez is offering?

1. La Sra. Suárez le da a Raquel consejos sobre
   _____ su vida profesional   _____ su vida personal

2. Parece que la Sra. Suárez cree que Raquel piensa demasiado en
   _____ su trabajo   _____ sus padres

3. La Sra. Suárez probablemente cree que Raquel debe buscar
   _____ más clientes   _____ un novio

AFTER VIEWING . . .

¿Tienes buena memoria?

Actividad A.   ¿Qué hicieron?

Indicate the statements that are true for each of the following characters you saw in **Episodio 10**.

Raquel
1. _____ por fin le da la foto de Miguel y Jaime a la Sra. Suárez.
2. _____ no ve al reportero y al Sr. Díaz otra vez.
3. _____ todavía no tiene el certificado de nacimiento de Ángel Castillo.

Federico
4. _____ tiene una novia que es pintora.
5. _____ no tiene la oportunidad de despedirse de Raquel.

La Sra. Suárez

6. _____ va con Raquel a la escuela de baile donde trabaja la novia de Federico.

7. _____ se despide de Raquel y le da un consejo.

Actividad B. El Greco y Velázquez

Look at the painting on the left of San Jerónimo by El Greco. Indicate the appropriate word or phrase in each pair. Now compare the painting of San Jerónimo with *Las Meninas,* on the right, by Velázquez. What physical differences do you notice between the people in the paintings?

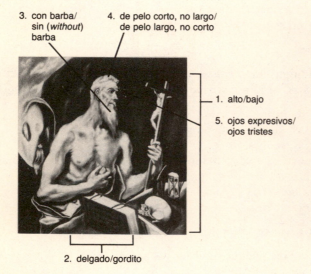

3. con barba/
sin (*without*)
barba

4. de pelo corto, no largo/
de pelo largo, no corto

1. alto/bajo

5. ojos expresivos/
ojos tristes

2. delgado/gordito

Las Meninas, Velázquez

La demora

MENSAJE

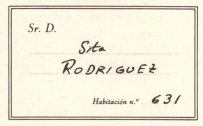

Sr. D.
Sita
RODRIGUEZ

Habitación n.º *631*

BEFORE VIEWING . . .

Preparación

Actividad A.

As you know, the opening narration of each video episode consists of a summary of what happened in the previous episode. First read the following sentences that are based on the opening review in **Episodio 11**. Then indicate whether they are **Cierto** (**C**) or **Falso** (**F**), based on what you remember about that episode.

C F 1. Raquel conoce a María, la novia de Federico.
C F 2. Cena con ellos y con la Sra. Suárez, pero no se despide todavía.
C F 3. Antes de salir para Buenos Aires, Raquel va al Museo del Prado.
C F 4. Allí ve algunas obras de artistas españoles muy importantes: El Greco, Murillo y Picasso.
C F 5. Al final de su visita al Museo del Prado, Raquel se encuentra con Alfredo y el Sr. Díaz.
C F 6. Cuando Raquel vuelve a su hotel, hay un mensaje para ella, de la agencia de viajes.

C F 7. Raquel trata de comunicarse con la agencia de viajes. Por fin puede hablar con ellos.

C F 8. Decide ir a la agencia para preguntar qué pasa con su reservación.

Actividad B.

Here is a message that the hotel receptionist will give to Raquel in this video episode. What problem is Raquel going to encounter, according to the message?

DIA
HORA
RECIBIDO POR:

COMUNICACION DE

M E N S A J E

☐ HA LLAMADO
☐ HA VENIDO

D. *Estimada Srta. Rodriguez :*
Sentimos mucho informarle que hemos tenido
problemas en reservar su asiento en el vuelo **897** *para*
Buenos Aires. Haga el favor de llamarnos lo
mas pronto posible 2-52-73-61

Roberto Ruiz
Agencia Aguila

_____ La agencia perdió su billete.
_____ La agencia no puede confirmar su reservación.

If you were Raquel, what would you do? Keep in mind that Raquel is a bit tired from all of her traveling and from all of the experiences she has had in the last few days.

Yo creo que

a. _____ Raquel debe ir directamente al aeropuerto. Allí puede tomar un café y esperar su vuelo.

b. _____ Raquel debe preguntarle al recepcionista si ella puede subir a su habitación.

c. _____ Raquel debe visitar otros lugares interesantes o históricos, por ejemplo, otros museos.

AFTER VIEWING . . .

¿Tienes buena memoria?

Actividad A.   En este episodio

All of the following events took place during Raquel's last few hours in Madrid, but . . . in what order did they occur? Put them in order, from 1 to 6.

Raquel

a. _____ Descansa unas horas.

b. _____ Se entera de que hay una demora.

c. _____ Va a la agencia de viajes para resolver el problema.

d. _____ Se despierta cuando suena el teléfono.

e. _____ Va al aeropuerto y sale para la Argentina.

f. _____ Vuelve al hotel y sube a su habitación.

Actividad B.   ¡Un desafío!

¿Tienes una memoria muy buena? Can you recall any of these details from this video episode and previous ones?

1. ¿Cómo se llama el hotel de Raquel en Madrid?

2. ¿Cuál es el número de la habitación de Raquel?

3. ¿Qué cosa le da Raquel a la Sra. Suárez?

4. ¿Qué cosa le da la señora a Raquel?

5. ¿A qué hora sale el vuelo de Raquel para la Argentina? ¿Y cuál es el número del vuelo?

Repaso de los episodios 7–10

Actividad A.   El sueño de Raquel: Primera parte

Complete the following summary of the first part of Raquel's dream with words from the following lists. ¡OJO! Some words will be used more than once. Others may not be used at all.

Verbos: buscar, conocer, creer, dar, deber, decir, empezar, encontrar, ir, llegar, poder, revelar, salir, tomar, volver

Cosas: el mensaje, la cartera, la corbata

Personas: el recepcionista, el botones, el reportero, el cliente

Otras palabras: porque, pero, pronto

Después de volver al hotel, Raquel sube a su habitación y toma una siesta. Mientras duerme, _____¹ a soñar con lo que ha pasado desde que salió de Sevilla.

Primero, toma el tren de Sevilla a Madrid. En el tren, _____² a dos señores. Uno se llama Alfredo Sánchez y es _____³ de televisión. Alfredo _____⁴ a una maestra para entrevistarla. Alfredo _____⁵ que Raquel es la maestra, pero Raquel le _____⁶ que no, que está equivocado. En el coche-comedor del tren, Alfredo _____⁷ a hacerle preguntas a Raquel acerca de su investigación, pero Raquel no _____⁸ nada del caso.

Cuando por fin llega a su hotel en Madrid, Raquel descubre que ha dejado su _____⁹ en el taxi. Alfredo y su asistente _____¹⁰ a buscarla. Por fin (ellos) la _____,¹¹ pero Raquel no está cuando ellos _____¹² al hotel.

Al día siguiente, Raquel y Alfredo se encuentran en el hotel y Alfredo le _____¹³ a Raquel el objeto perdido. Mientras _____¹⁴ un café, Alfredo intenta convencer a Raquel una vez más de que el caso de don Fernando _____¹⁵ ser muy interesante para un reportaje de televisión. _____¹⁶ Raquel le dice que no, que ella _____¹⁷ respetar el secreto profesional de su _____.¹⁸

Actividad B.   El sueño de Raquel: Segunda parte

Choose the appropriate completion for each sentence.

Raquel también sueña con la Sra. Suárez.
1.   Raquel va a la casa de la Sra. Suárez porque
     a.   _____ la Sra. Suárez la llama por teléfono y la invita.
     b.   _____ el hijo de la Sra. Suárez va al hotel y la invita.
2.   Durante la conversación con la Sra. Suárez, Raquel se entera de que, después de la guerra, Rosario se fue a vivir a
     a.   _____ Sevilla.   c.   _____ México.
     b.   _____ la Argentina.

3. La Sra. Suárez también le dice a Raquel que Rosario
   a. _____ se casó de nuevo con un rico hacendado.
   b. _____ se casó de nuevo con un político importante.
4. Según (*According to*) Teresa Suárez, don Fernando y Rosario tuvieron
   a. _____ un hijo.   b. _____ una hija.
5. Según la dirección que tiene Raquel, Rosario vive
   a. _____ cerca de Buenos Aires.
   b. _____ cerca de Bariloche.

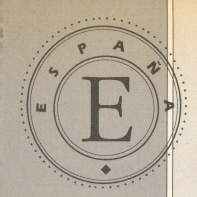

Un viaje
a la Argentina

El Obelisco de Buenos Aires conmemora la fundación de la ciudad.

Revelaciones

DR. ARTURO IGLESIAS
PSIQUIATRA

BEFORE VIEWING . . .

Preparación

Actividad A.

In the last video episode of *Destinos* Raquel left Madrid by plane, on her way to Buenos Aires to continue her search for Rosario. Indicate whether the following statements about the events immediately preceding her departure are **Cierto** (**C**) or **Falso** (**F**).

C F 1. Raquel pierde su vuelo.
C F 2. Hay una demora y el vuelo no sale cuando debe.
C F 3. Raquel habla con don Fernando por teléfono.
C F 4. Raquel se duerme en su habitación.
C F 5. Piensa en el consejo de la Sra. Suárez.
C F 6. Sabe donde Rosario vive en la Argentina.

Actividad B.

Here are photographs of some of the places and events you will see in **Episodio 12**. What do you think is happening in each?

1. Raquel está en
   a. _____ un parque
   b. _____ un cementerio
   c. _____ una estancia

2. Toma una fotografía de
   a. _____ Rosario
   b. _____ un monumento
   c. _____ una tumba

3. Raquel toca a la puerta en
   a. _____ una estancia
   b. _____ una casa en Buenos Aires

4. La persona que contesta es
   a. _____ Martín Iglesias
   b. _____ Rosario
   c. _____ una persona desconocida

AFTER VIEWING . . .

¿**T**ienes buena memoria?

Actividad A.   ¿Quién es?

In **Episodio 12** you met these new characters. Identify them and tell where they work, then indicate why they are important to Raquel's investigation.

1. Este hombre se llama
   a. _____ Cirilo   b. _____ Francisco   c. _____ Esteban
2. Es
   a. _____ botones   b. _____ chofer   c. _____ gaucho
3. Trabaja en
   a. _____ el hotel   b. _____ Buenos Aires   c. _____ la estancia
                                                          Santa Susana
4. Es un personaje importante porque
   a. _____ le dice a Raquel que Rosario se mudó a la capital y le da su dirección
   b. _____ le dice a Raquel que Rosario ya murió

5. Este hombre se llama
   a. _____ Enrique Casas   c. _____ Arturo Iglesias
   b. _____ Ángel Castillo
6. Es
   a. _____ profesor   c. _____ abogado
   b. _____ médico (psiquiatra)
7. Trabaja en
   a. _____ su casa   b. _____ el hotel   c. _____ la universidad
8. Es un personaje importante porque
   a. _____ quiere ayudar a Raquel a buscar a Rosario
   b. _____ es hijo de Rosario y medio hermano de Ángel Castillo

Actividad B.   La historia de Ángel

As you know, Raquel has learned that Rosario has died. Her investigation must continue, however, and Arturo is willing to share information with her. The following events all form part of Ángel's story as told by Arturo, but . . . in what order did they occur? Put them in order, from 1 to 7. *Note*: All of the verbs are in the past tense.

a. _____ Martín murió de un ataque cardíaco.

b. _____ Ángel dejó los estudios y se dedicó a pintar.

c. _____ Ángel discutió con su padrastro.

d. _____ Martín, Rosario y el joven Arturo fueron a Buenos Aires para visitar a Ángel.

e. _____ Martín y Rosario supieron (*found out*) algo que no le gustó a Martín.

f. _____ Ángel se embarcó como marinero.

g. _____ Ángel se fue a la capital para estudiar ciencias económicas.

Más allá del episodio: Martín Iglesias

Martín Iglesias, poco antes de morir

Martín Iglesias tenía[1] una estancia próspera en su país, la Argentina. Cuando terminó la Guerra Civil española, Martín era joven y muy trabajador.[2] Vio en España una gran oportunidad. Pensó que los productos de su estancia tendrían[3] un buen mercado allí. Por eso se fue a España, primero a Madrid y luego a Barcelona.

Martín tenía también otro motivo para viajar a España. Quería buscar a una hermana de su madre que vivía en Sevilla. Sólo tenía una vieja dirección y el nombre del hospital en que su tía trabajaba antes de la guerra. Llegó a la casa de la dirección, pero nadie conocía a esa señora. Uno de los vecinos[4] le dio la dirección del hospital. Fue allí, en ese mismo hospital, donde Martín conoció a Rosario.

Rosario ayudó a Martín a buscar a la hermana de su madre. Desde el principio[5] a Rosario le gustó mucho la manera de ser del argentino. También comprendió muy bien su búsqueda.[6] ¡Ella sabía mucho de búsquedas imposibles! Desgraciadamente, después de varios días, descubrieron que la tía de Martín había muerto. Su familia vivía ahora en el sur de Francia.

Martín ya no tenía motivos para estar más tiempo en Sevilla. Empezaba a hacer los preparativos para regresar a la Argentina. Y pasaba mucho tiempo—todo el tiempo que podía—con Rosario.

Martín era muy serio y algo estricto, pero tenía un gran corazón. Rosario le habló de sus cosas, de su pasado,[7] de su hijo… y Martín la escuchó con atención. Comprendió que el corazón de su amiga estaba lleno de dolor.[8] Ella no podía olvidar… todavía. Pensó que un gran cambio[9] sería una buena idea. Martín le habló mucho de su país y de su familia. Trató de[10] convencerla. «Estoy seguro[11] de que podés rehacer[12] tu vida en la Argentina» le repetía varias veces. «Te vas a sentir como en casa.»

Por fin Martín tuvo que volver. Rosario pensó mucho en las cosas que Martín le había dicho.[13] Por fin decidió irse a la Argentina, con su hijo. Le escribió una larga carta a Martín y se embarcó. Cuando llegó a Buenos Aires, Rosario no pudo contener las lágrimas[14] cuando vio a Martín. Por primera vez en mucho tiempo lloraba de alegría.[15] Pero ¿cómo reaccionó Ángel? ¿Le gustó la Argentina? ¿Aceptó a Martín?

[1]*had* [2]*hardworking* [3]*would have* [4]*neighbors* [5]Desde… *From the beginning* [6]*search, quest* [7]*past* [8]estaba… *was filled with pain* [9]*change* [10]Trató… *He tried to* [11]*sure* [12]*remake, make over* [13]le… *had told her* [14]no… *couldn't hold back her tears* [15]lloraba… *she was crying for joy*

13

La búsqueda

Preparación

Actividad A.

Indicate whether the following events took place (**Sí ocurrió**) or not (**No, no ocurrió**) in the previous episode.

Sí No   1. No hay habitación para Raquel en el hotel de Buenos Aires.

Sí No   2. En la estancia, un joven le dice a Raquel que Rosario murió hace años.

Sí No   3. Un gaucho le dice que Rosario se mudó a la capital.

Sí No   4. Con el chofer, Raquel busca un número en la calle Gorostiaga.

Sí No   5. En una casa, Raquel conoce a un amigo de Rosario.

Sí No   6. Arturo le da a Raquel la nueva dirección de Rosario y de su hermano Ángel.

Actividad B.

As you prepare to watch this video episode, think about its title, **La búsqueda**. What does the title suggest to you? What does a search for a person entail? Indicate the most logical completion for the following sentences.

1. Mientras buscan a Ángel, Raquel y Arturo
   a. _____ hablan con muchas personas
   b. _____ hablan con pocas personas

2. Raquel y Arturo comienzan la búsqueda
   a. _____ en la estación central de policía de Buenos Aires
   b. _____ en el lugar donde Arturo vio a su hermano por última vez

3. Las personas que van a saber algo de Ángel, probablemente, son
   a. _____ los dependientes y dueños de negocios
   b. _____ los viejos marineros

Actividad C.

In this video episode, Raquel and Arturo will meet a man who is suspicious of strangers. Read part of their conversation, trying to get the gist of it. Then indicate which of the following sentences is an accurate summary of the conversation you just heard.

a. _____ José cree que Héctor es el hermano de Arturo.

b. _____ José no conoce a Ángel pero sí sabe el nombre de una persona que posiblemente lo conoció.

SEÑOR: Yo soy José, sí, señor.
ARTURO: Disculpe la molestia. Mario nos dijo que tal vez Ud. puede conocer a Ángel Castillo, mi hermano.
SEÑOR: ¿Ángel Castillo?
ARTURO: Sí, es mi hermano. Perdimos contacto hace muchos años. Tenía amigos acá. Pintaba. Le gustaban los barcos.
SEÑOR: Lo siento. No lo conozco. ¿Ya hablaron con Héctor?
ARTURO: No. ¿Quién es?
SEÑOR: Sí. Tienen que hablar con Héctor. Él ha vivido siempre en este barrio. Conoce a todo el mundo. Seguro que conoció a su hermano.
RAQUEL: ¿Y dónde podemos encontrar a Héctor?

José is suspicious. For this reason, it is likely that he does not trust strangers. What do you think will happen after Raquel asks her question?

a. _____ José les da la dirección de Héctor en seguida.

b. _____ José piensa un momento y luego les da la dirección de Héctor.

c. _____ José les dice que él va a buscar a Héctor.

d. _____ José no quiere darles más información.

AFTER VIEWING . . .

¿**T**ienes buena memoria?

Actividad   ¿Quiénes son? ¿Y qué hicieron?

Paso 1

As you probably predicted, Arturo and Raquel talk to a number of people in the course of their search for Ángel. Based on what you have seen in this video episode, who is the one person most likely to lead them eventually to Ángel?

a. _____ José, el marinero
b. _____ la dependienta de la tienda de comestibles
c. _____ Mario, el dueño de la tienda de antigüedades
d. _____ el vendedor de pescado
e. _____ Héctor, otro marinero
f. _____ doña Flora, la esposa de José
g. _____ Arturo

Paso 2

Now indicate which of the people in **Paso 1** made the following contributions to the search for Ángel.

1. _____ Mencionó a la señora del negocio de al lado. ¿Por qué? Ella conoce a todo el mundo.
2. _____ Pensó en José. Llevó a Raquel y Arturo a la casa donde vive con su esposa.
3. _____ Encontró una foto de Ángel a los veinte años.
4. _____ Atendió a una clienta. Luego miró la foto varias veces pero no reconoció a Ángel.
5. _____ Mencionó dos lugares donde podían encontrar a José, en el bar o en el barco.
6. _____ Buscó a Héctor y sabe dónde va a estar mañana por la noche.

Paso 3

Select the statement that best describes what the next step in the search for Ángel will be.

a. _____ Héctor va a ir a la casa de Arturo.
b. _____ Arturo y Raquel van a buscar a Héctor en una fiesta.
c. _____ José va a hablar con Héctor para ver si conoce a Ángel.

En el extranjero

Preparación

Actividad A.

In the last video episode of *Destinos* Raquel and Arturo started their search for Ángel. What do you remember about the search? Complete the following statements.

1. Entre las cosas de su madre, Arturo encontró
   a. _____ una carta
   b. _____ una pintura
   c. _____ una foto... de Ángel

2. En el barrio de la Boca, Raquel y Arturo hablaron con
   a. _____ pocas personas
   b. _____ varias personas
   c. _____ muchas personas

3. Por fin encontraron a un marinero que
   a. _____ reconoció a Ángel
   b. _____ tenía la dirección de Ángel
   c. _____ les dio el nombre de otro marinero

4. Arturo invitó a Raquel a
   a. _____ cenar en su casa
   b. _____ ir al teatro
   c. _____ ir a un parque

Actividad B.

In this video episode Raquel and Arturo will meet and talk with Héctor. Read part of their conversation on the cassette tape, trying to get the gist of it.

RAQUEL: ¿Se quedó a vivir en el extranjero?

HÉCTOR: Sí. No recuerdo bien qué país era... ¿saben? Creo que era Puerto Rico, pero no estoy seguro. Era un país en el Caribe... no sé si Puerto Rico, pero estoy seguro que era en el Caribe... Sí, posiblemente Puerto Rico.

RAQUEL: ¿Y la carta?

HÉCTOR: ¡Claro! ¡La carta! La tengo que buscar.

ARTURO: Es muy importante para mí.

HÉCTOR: Sí, comprendo. Mire, Ud. sabe dónde encontrarme. Necesito un par de días para buscar la carta.

ARTURO: Bueno, se lo agradezco muchísimo.

HÉCTOR: No hay de qué. Ángel era mi amigo.

Para pensar...*

¿Qué importancia puede tener el Caribe en esta historia? ¿Qué no recuerda muy bien Héctor? ¿Y por qué está interesada Raquel en una carta que tiene Héctor?

AFTER VIEWING . . .

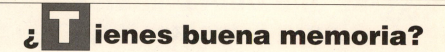

¿Tienes buena memoria?

Actividad A.   ¿Cuánto recuerdas?

Paso 1

All of the following events happened in **Episodio 14**, but . . . in what order did they occur? Put them in order, from 1 to 6. The understood subject of most of the sentences is **Arturo y Raquel**.

*****Para pensar...** means *Something to think about . . .* This repeating feature of the episodes, which can occur in any section, will suggest things for you to think about as you view the video episodes or work with the Handbook.

a. _____ Fueron al Piccolo Navio.
b. _____ Tomaron café y miraron unas fotos.
c. _____ Se sentaron a cenar en el jardín.
d. _____ Comieron brochetas y hablaron.
e. _____ Raquel llamó a su madre por teléfono.
f. _____ Conocieron a Héctor y hablaron con él.

Paso 2

Raquel found out some things about Arturo in this video episode. What were they?
Indicate whether the statements are **Cierto** (**C**) or **Falso** (**F**).

C   F   1. Arturo vive solo.
C   F   2. Se casó una vez pero está divorciado.
C   F   3. Su esposa volvió a su país natal, el Perú.
C   F   4. Su profesión no es muy importante para él.

Actividad B.   El amigo de Ángel

So far, Héctor has been able to provide a little bit of information, and perhaps he might
be of even more help later on. What do you remember about Héctor and the information he has given Arturo and Raquel? ¡OJO! More than one answer may be possible in
some cases.

1. Héctor se acuerda muy bien de Ángel porque Ángel
   a. _____ lo ayudó cuando era niño
   b. _____ vivió en el barrio
   c. _____ era su amigo

2. También dice Héctor que recibió una carta de Ángel
   a. _____ hace dos días
   b. _____ hace unas semanas
   c. _____ hace muchos años

3. Héctor cree que Ángel
   a. _____ se casó muy joven
   b. _____ se preocupaba mucho por su padre, don Fernando
   c. _____ se fue a vivir en el extranjero, en Puerto Rico

Más allá del episodio: Arturo Iglesias

Dos cosas marcaron profundamente la personalidad de Arturo. Primero, la relación muy especial que existía entre su madre y Ángel, el hijo de su primer esposo. Arturo se sentía totalmente
excluido de aquellas relaciones. Segundo, la muerte de su padre cuando Arturo era[1] todavía un
niño. Para él, Ángel era el único culpable.[2] Durante muchos años Arturo trató de[3] olvidar a Ángel y
por eso, nunca hizo[4] nada para encontrarlo.

Desde pequeño, Arturo siempre tuvo un carácter mucho más reflexivo que su medio hermano. Le gustaba mucho la sicología. Ya de adolescente decidió ser psiquiatra. Le gustaba la
idea de ayudar a los demás,[5] pero no era ésta la única razón. Por sus propios conflictos internos
en cuanto a[6] su hermano, le interesó mucho la cuestión de «la vida interior» del ser humano.

[1] *was* [2] *responsible* [3] *trató... tried to* [4] *did* [5] *los... others* [6] *en... about*

Arturo Iglesias, el hijo de Rosario y Martín

Arturo fue un buen estudiante. Terminó sus estudios de psiquiatría siendo el número uno de su clase. Rosario estaba muy orgullosa[7] de él. Le regaló[8] una cámara fotográfica y un viaje a Europa, ¡el sueño[9] de Arturo desde siempre! Así descubrió sus dos pasatiempos favoritos, la fotografía y los viajes.

Unos años más tarde, cuando Arturo era ya un psiquiatra de cierto prestigio en Buenos Aires, viajó a Lima para un congreso.[10] En una conferencia,[11] conoció a Estela Vargas, la amiga de un colega y en aquella época estudiante de sicología. Fue una atracción muy fuerte.[12] Arturo regresó a Buenos Aires pero él y Estela se escribían y se telefoneaban con frecuencia. Vivieron unas relaciones muy intensas a pesar de[13] la distancia. Todo era muy romántico, breves estancias[14] en el Perú o la Argentina, flores, mensajes, regalos…. Pronto decidieron casarse. La boda[15] fue en Lima con una ceremonia muy bonita. Los novios se fueron a Italia de luna de miel.[16]

El primer año todo fue muy bien. Pero poco a poco las relaciones se deterioraron. Entre su consulta y las clases en la universidad, Arturo tenía poco tiempo para su esposa. Llegó a estar obsesionado con su trabajo. Ella, por su parte, no trabajaba—nunca terminó su carrera—y no tenía muchos amigos en Buenos Aires. Se sentía muy sola. Además, extrañaba[17] mucho a su familia. Al cabo de cinco años de matrimonio, se divorciaron. ¿Crees que Arturo todavía piensa mucho en Estela?

[7]estaba… *was very proud* [8]Le… *She gave him as a gift* [9]*dream* [10]*convention* [11]*lecture* [12]*strong* [13]a… *in spite of* [14]*stays* [15]*wedding* [16]de… *for a honeymoon* [17]*she missed*

15

Culpable

BEFORE VIEWING . . .

Preparación

Actividad A.

In the last video episode of *Destinos* Raquel and Arturo were finally able to make some progress in their search for Ángel. How much do you remember about **Episodio 14**? Complete the following statements.

1. En casa de Arturo, Raquel pasó una noche muy
   a. _____ aburrida   b. _____ agradable   c. _____ triste

2. Al día siguiente, en la cantina Piccolo Navio, Raquel y Arturo conocieron a este hombre. Se llama
   a. _____ José   b. _____ Héctor   c. _____ Ángel

3. Este hombre era amigo de Ángel. Les dice a Raquel y Arturo que Ángel se fue a vivir a un país
   a. _____ del Caribe   b. _____ de Europa   c. _____ de África

4. El hombre tiene algo que da la dirección de Ángel. Es
   a. _____ un telegrama   b. _____ un libro   c. _____ una carta

5. Para buscarla, necesita
   a. _____ unos minutos   b. _____ un par de días   c. _____ una semana

6. Al final de su conversación, este hombre le da algo a Arturo como recuerdo de su hermano Ángel. Es
   a. _____ una foto   b. _____ un cuadro   c. _____ un poema

---

Para pensar...

¿Crees que hay una atracción mutua entre Raquel y Arturo? ¿Siente ella algo por él? Y él, ¿qué piensa de esta abogada norteamericana?

Actividad B.

In this video episode Arturo will express his concerns about Ángel's fate.

Paso 1

Read part of a conversation between Arturo and Raquel without looking ahead in this activity. Then answer this question. Which of the following statements best describes Arturo's mood in this conversation?

a. _____ Arturo está contento.
b. _____ Arturo está preocupado.
c. _____ Arturo está aburrido.

RAQUEL: ¿En qué piensas?
ARTURO: En Ángel. ¿Qué quería de la vida? ¿Qué buscaba?
RAQUEL: ¿Te sientes bien? ¿Qué te pasa?
ARTURO: No te preocupes. No es nada.
RAQUEL: Ya verás. Pronto podrás hablar con tu hermano... Arturo, dime por favor qué es lo que te pasa.
ARTURO: Me tenés que perdonar, Raquel. Es que...
RAQUEL: ¿Sí... ?
ARTURO: Tengo un mal presentimiento... ¿Qué pasa si Ángel... ?

Paso 2

Now read the conversation again. Then answer the questions.

1. You should be able to understand the meaning of **¿Te sientes bien?** But what about **¿Qué te pasa?** What does Raquel want to know?
   a. _____ Where are you going?
   b. _____ What are you thinking about?
   c. _____ What's the matter?

2. The verb form **dime** is a command. Knowing that **me** means *me* or *to me* in English, what you do you think Raquel is saying when she uses this verb form? (*Hint*: **Di** does not look very much like the infinitive from which it derives. Let the context in which **dime** is used be your guide.)

3. According to the context and to Arturo's mood, what do you think the word **presentimiento** means?
   a. _____ premonition   b. _____ thought   c. _____ headache

> ### Para pensar...
>
> ¿Qué presentimiento tiene Arturo? ¿Qué quiere decir él cuando le dice a Raquel «¿Qué pasa si Ángel... ?» ¿A qué o a quién se refiere el título de este episodio?

AFTER VIEWING . . .

¿**T**ienes buena memoria?

Actividad A.   ¿A quién se refiere?
Identify the character described in each sentence.

a.   Ángel Castillo
b.   Arturo Iglesias

c.   Raquel Rodríguez
d.   Héctor Condotti

1. _____ Después de hablar con Héctor, está muy pensativo.
2. _____ Va a buscar la carta que Ángel le escribió hace muchos años.
3. _____ Probablemente tiene que hacer un viaje al Caribe.
4. _____ Tiene vergüenza en el parque y no quiere andar en mateo.
5. _____ Se fue a vivir al Caribe. Ahora tendrá unos 52 años.
6. _____ Se siente culpable porque nunca buscó a su hermano.

Actividad B.   ¿Qué pasó?
The following paragraphs are a summary of what Raquel and Arturo did in **Episodio 15**. Complete the paragraph with phrases from the following list.

tuvieron un *picnic*
fue a la Cuadra
compró una bolsa de cuero
decidieron ir a un parque
llamó a Arturo

encontró la carta
no le gustó mucho
no le interesó mucho
recibió un regalo de Arturo

Raquel visitó varias tiendas con Arturo y _____.¹ Más tarde, _____,² un centro comercial. Allí compró una blusa y unos pantalones. Luego regresó a su hotel. Mientras tanto, Héctor _____³ para decirle que _____.⁴ Pero no puede ver a Arturo y Raquel hasta mañana. Esto _____⁵ a Raquel. Empieza a ponerse un poco impaciente y quiere terminar pronto la investigación.

Para pasar el resto del día, Raquel y Arturo _____,⁶ aunque la idea _____⁷ a Arturo. Pero lo pasaron muy bien. Anduvieron en bote y en mateo y también _____⁸ con la comida que Arturo llevaba en la canasta. Por la noche, Raquel _____,⁹ una linda chaqueta de cuero. Parece que sí hay una atracción entre Arturo y Raquel, ¿no?

16

Caras

Preparación

Actividad A.

In the last video episode of *Destinos*, Raquel and Arturo spent a lot of time together while waiting for Héctor to find Ángel's letter. Complete this summary of the episode with the following words and phrases.

la atracción mutua
un mal presentimiento
está pensativo
pasan mucho tiempo juntos

ya murió
calmar
noticias de Héctor

Al principio del episodio previo, Raquel nota que Arturo _____.¹ Cuando ella le pregunta qué le pasa, Arturo le dice que tiene _____.²

—Arturo —dice Raquel— dime cuál es el mal presentimiento que tienes.

—Es que —contesta Arturo— algo me dice que Ángel _____.³

Raquel trata de _____⁴ a Arturo. Y cuando están por salir para el hotel, se dan

cuenta de _____⁵ que sienten. Se besan y luego Arturo lleva a Raquel al hotel.

Al día siguiente los dos _____.⁶ Van de compras en la calle Florida y más tarde van

al parque Rosedal. Lo pasan muy bien. Ahora, en este episodio, esperan tener _____.⁷

Para pensar...

Ahora Raquel y Arturo están conscientes de su atracción mutua. ¿Crees que esta atracción va a convertirse en una relación seria?

Parece que Raquel tendrá que hacer un viaje al Caribe para seguir con la búsqueda de Ángel. ¿Qué va a hacer Arturo?

Actividad B.

Read the following conversation. Then answer the questions.

ARTURO: ¿Sabés? Ángel es el único pariente que tengo. ¿Ya decidiste cuándo te vas a ir?
RAQUEL: Debería tomar el primer vuelo... don Fernando está muy mal. Y no puedo tardarme mucho.
ARTURO: Hace unos pocos días que te conozco... y parece como si hiciera muchos años.
RAQUEL: Yo siento lo mismo.
ARTURO: Te voy a extrañar.
RAQUEL: Yo también a ti.

1. Arturo says, "Hace unos pocos días que te conozco... y parece como si hiciera muchos años." What do you think he means?
   a. _____ I have known you for a few days, and I need more time to get acquainted.
   b. _____ I have known you for a few days, and it's as if I had known you for a long time.

2. A key word in this dialogue is the verb **extrañar**. Think about the context. Raquel has to travel to Puerto Rico to continue her search for Ángel. Given the mutual attraction that the two feel, when Arturo says to Raquel "Te voy a extrañar," and she responds "Yo también a ti," what do you think they are saying to each other?
   a. _____ I'm going to forget you.
   b. _____ I'm going to miss you.
   c. _____ I'm going to follow you.

AFTER VIEWING ...

¿**T**ienes buena memoria?

Actividad A.   ¿Quién lo dijo?

Identify the character who makes the following statements in **Episodio 16**.

a. Raquel Rodríguez   c. Héctor Condotti
b. Arturo Iglesias   d. el ama de casa

1. _____ «Salgo mal en las fotos y la cámara lo sabe.»
2. _____ «Mira. Me gusta mucho esta foto. ¿La has visto? El fotógrafo debe ser muy imaginativo.»
3. _____ «Disculpe, doctor, lo llaman por teléfono. Un Sr. Héctor... »
4. _____ «Señorita, ¿está bien el señor?»
5. _____ «Otra vez... este presentimiento... algo me dice que Ángel ya murió.»
6. _____ «Yo también tengo una sorpresa para ti.... Pero me tienes que dar unos minutos para prepararla.»

Actividad B.   ¿Qué pasó?

All of the following events happened in **Episodio 16**, but in what order did they occur? Put them in order, from 1 to 8.

a. _____ Héctor le da a Arturo la carta de Ángel.
b. _____ Raquel va al mercado para comprar legumbres y verduras.
c. _____ Arturo trata de tomar una foto con una cámara automática.
d. _____ Arturo lee la carta que Ángel le escribió a Héctor hace muchos años.
e. _____ Raquel encuentra una foto de una cara hecha de legumbres y verduras.
f. _____ Arturo le dice a Raquel que piensa viajar a Puerto Rico.
g. _____ Raquel le muestra dos caras de legumbres y verduras a Arturo.
h. _____ Arturo y Raquel van al puerto para buscar a Héctor.

Para pensar...

Arturo le dice a Raquel: «Tal vez yo podría ir a Puerto Rico y los dos continuar la búsqueda de Ángel.» ¿Por qué de repente quiere ir a Puerto Rico Arturo? ¿a causa de Ángel? ¿o a causa de Raquel?

Actividad C.   La carta de Ángel

Raquel and Arturo have finally found out some specific information about what happened to Ángel. Indicate whether the following statements about Ángel are **Cierto** (**C**) or **Falso** (**F**).

C   F   1. La carta de Ángel es de Ponce, Puerto Rico.
C   F   2. Ángel dice que ya no quiere ser marinero.
C   F   3. Ya no pinta.
C   F   4. Viajó a España.
C   F   5. Piensa volver pronto a la Argentina.

17

Inolvidable

BEFORE VIEWING . . .

Preparación

Actividad A.

What happened in the last video episode of *Destinos*? Indicate whether the following brief narratives contain information that is **Cierto** (**C**) or **Falso** (**F**). Can you correct the false information?

C F   1. Raquel y Arturo lo pasaron muy bien cuando Arturo trató de sacar una foto de los dos y tuvo problemas con la cámara.

C F   2. Héctor llamó a Arturo por teléfono. Quería pasar por su casa para darle la carta de Ángel.

C F   3. Cuando leyó la carta de Ángel, Arturo supo que Ángel decidió quedarse en Puerto Rico. Pensaba volver a la Argentina para sus vacaciones.

C F   4. Raquel y Arturo sienten una atracción mutua. Les gusta mucho estar juntos.

Actividad B.

In this video episode Arturo and Raquel will each make a "wish upon a star," **una
estrella**.

Paso 1

Pedir un deseo means *to ask for a wish*. Based on everything you know about Raquel
and her personality, what do you think she will wish for?

_____ Pide a las estrellas que pueda encontrar a Ángel en Puerto Rico.
_____ Pide a las estrellas que Arturo pueda acompañarla a Puerto Rico.

Paso 2

Based on what you know about Arturo and on your observation of his behavior, what do
you think he will wish for?

Paso 3

Now read the scene in its entirety.

ARTURO: Vení. Hay una tradición en mi familia que quiero compartir con vos....
¿Qué ves?
RAQUEL: Veo la luna... las estrellas... y a ti.
ARTURO: ¿Alguna vez le pediste un deseo a una estrella?
RAQUEL: Sí. Cuando era una niña pequeña en California.
ARTURO: Bien. Pedí vos primero.
RAQUEL: ¿Yo?
ARTURO: Por supuesto.
RAQUEL: Les pido a las primeras cien estrellas que veo esta noche que podamos en-
contrar a Ángel en Puerto Rico... que esté bien y que por fin esta familia pueda
reunirse definitivamente.
ARTURO: Yo también les pido lo mismo. Que podamos encontrar a mi hermano y que
él pueda conocer a su padre, don Fernando. Y que esta persona, esta mujer,
sea parte importante de mi vida... y que yo sea parte importante de su vida
también.

Based on what you have read, which of the following do you think is the most appropriate title for this garden scene?

a. _____ La luna   c. _____ Declaración de amor
b. _____ El jardín por la noche

AFTER VIEWING . . .

¿**T**ienes buena memoria?

Actividad A. ¿Quién lo dijo?

Paso 1
Arturo and Raquel talk about a lot of things in this video episode. Indicate which of the two, Arturo (**A**) or Raquel (**R**), made each of the following statements.

A R 1. «Yo también les pido lo mismo. Que podamos encontrar a mi hermano y que él pueda conocer a su padre, don Fernando.»

A R 2. «Por favor, déjame terminar. Lo que quiero decir es que... no es fácil decir estas cosas. Todo ha sido tan... tan rápido... Necesito tiempo para pensar.»

A R 3. «Sabés, los argentinos somos más que la carne y el tango.»

A R 4. «Cuando volvamos con Ángel de Puerto Rico, los tres podremos venir a ver un espectáculo.»

A R 5. «¿Es posible que vuelvas entonces?»

Paso 2
Now indicate which of the preceding phrases expresses Raquel's answer to Arturo's declaration of his feelings. Is it an acceptance, a rejection, or something in between?

Actividad B.
In the last several video episodes you have learned information about Arturo and his half-brother Ángel. In this episode you learned more about Raquel. Listen again to Raquel's answers to Arturo's dinner table questions, then complete this summary with these words and phrases.

se fue a vivir
en México
por un año entero
norteamericana
don Pedro, hermano de don
  Fernando
muy contenta
mucha gente interesante
un estudiante joven
pasó los veranos
en la Universidad de California
Los Ángeles
muy aburrida

Raquel nació en Los Ángeles, pero se siente tanto mexicana como _____.¹ Ella siempre _____² en México con la familia mexicana de sus padres. Una vez fue a México _____.³ Le gustó mucho esa experiencia.

Raquel estudió _____.⁴ Allí conoció a _____,⁵ quien llegó a ser su novio. Después de graduarse, él _____⁶ a Nueva York y ella se quedó en

_____.[7] Ahora ella está _____[8] con su trabajo, porque viaja mucho y conoce a _____.[9]

Actividad C.   «¡Somos más que la carne y el tango!»

In **Episodio 17** you heard a great deal about the history and culture of Buenos Aires. Summarize some of that information by matching the numbered names below with the descriptions that follow them.

1. _____ el tango
2. _____ el Teatro Colón
3. _____ la Plaza de Mayo
4. _____ Domingo Faustino Sarmiento
5. _____ Jorge Luis Borges
6. _____ *Ficciones* y *El Aleph*

a. son colecciones de cuentos de Borges
b. es famosa por las madres que protestan allí cada semana
c. era la música de la gente de Buenos Aires
d. son cuadros del Museo Nacional
e. un autor argentino que ganó fama mundial por sus obras literarias
f. un dictador militar de la Argentina
g. es famoso por sus espectáculos: conciertos, teatro, ballet…
h. era la música de la clase alta
i. una gran figura política y literaria de la Argentina

Más allá del episodio: Luis, el ex novio de Raquel

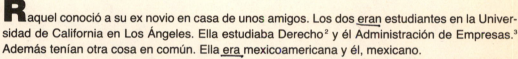

Luis, el antiguo[1] novio de Raquel

Raquel conoció a su ex novio en casa de unos amigos. Los dos eran estudiantes en la Universidad de California en Los Ángeles. Ella estudiaba Derecho[2] y él Administración de Empresas.[3] Además tenían otra cosa en común. Ella era mexicoamericana y él, mexicano.

Raquel se fijó[4] inmediatamente en Luis. ¿Por qué le gustó tanto[5] aquel muchacho? Era un joven muy inteligente y muy ambicioso. Tenía grandes planes para el futuro. Era muy simpático y extrovertido. Raquel también admiraba su dinamismo. Siempre tenía algo que hacer.

Desde aquella tarde en casa de sus amigos se vieron con relativa frecuencia en la universidad. Eran encuentros aparentemente espontáneos, entre las clases o en el almuerzo. Un sábado Luis invitó a Raquel a ir al cine. Desde ese día fueron inseparables. Raquel lo pasaba muy bien con él. Además, él era un gran estímulo para su propia carrera, ya que[6] era muy buen estudiante.

Los problemas entre ellos comenzaron durante los últimos meses antes de graduarse. La idea de terminar los estudios con buenas notas[7] y conseguir un buen puesto[8] consumía todo el tiempo de Luis. Raquel trató de comprenderlo. Sabía que aquello era muy importante para él. Había semanas en las que él no tenía ni cinco minutos para tomar una Coca-Cola con ella.

Llegó la época de los exámenes y ¡los dos salieron bien[9]! Especialmente Luis. Obtuvo el segundo puesto entre los estudiantes de su clase. Muchas empresas lo entrevistaron.[10] Por fin, aceptó un puesto en una empresa en Nueva York. Estaba muy contento con la decisión y se mudó tan pronto como[11] terminó el semestre.

¿Y su novia? Raquel decidió quedarse en California. Luis se graduaba pero a Raquel le faltaba un año más.[12] ¿Crees que las relaciones entre Raquel y Luis fueron serias? ¿Por qué no se mudó ella a Nueva York? ¿Y por qué se fue Luis a Nueva York?

---

[1]*former* [2]*Law* [3]*Administración… **Business Administration** (empresas = corporations)* [4]*se… noticed* [5]*so much*
[6]*ya… since* [7]*grades* [8]*trabajo* [9]*salieron… passed* [10]*interviewed* [11]*tan… as soon as* [12]*a… Raquel had another year to go*

18

Estimada Sra. Suárez

Preparación

Actividad A.

Indicate whether the following events took place (**Sí ocurrió**) or not (**No, no ocurrió**) in the previous video episode of *Destinos*.

¿Qué pasó en el episodio previo?

Sí   No   1. Raquel y Arturo bailaron.
Sí   No   2. Arturo le hizo a Raquel una declaración de amor.

Sí   No   3. Decidieron salir a cenar.
Sí   No   4. Raquel le dijo a Arturo que él era
              muy importante para ella.
Sí   No   5. Arturo habló más de su ex esposa.
Sí   No   6. Raquel le dijo a Arturo que lo amaba.

Al día siguiente, ¿qué hicieron Raquel y Arturo
durante el día?

Sí   No   7. Visitaron la casa de Jorge Luis Borges.
Sí   No   8. Fueron a la ópera.
Sí   No   9. Fueron a un parque.
Sí   No   10. Comieron en un restaurante elegante.

Actividad B.

Look at the title of this lesson and at the photograph with which it begins. What do you
think Raquel will do in this video episode?

a. _____ Llama por teléfono a la Sra. Suárez.
b. _____ Le escribe una carta a la Sra. Suárez.
c. _____ Le manda un telegrama a la Sra. Suárez.

If you selected *b*, you were correct. What might Raquel tell Sra. Suárez in her letter?
Indicate all items that you think may be correct.

a. _____ las tristes noticias de Rosario
b. _____ de cómo pudo por fin encontrar a un hijo de Rosario
c. _____ de su relación con Arturo
d. _____ más noticias de don Fernando
e. _____ unos detalles de la búsqueda de Ángel en Buenos Aires
f. _____ la dirección de Ángel en Puerto Rico
g. _____ de sus compras en Buenos Aires
h. _____ de lo que comió

AFTER VIEWING . . .

¿**T**ienes buena memoria?

Actividad.   Raquel se va

The following sentences describe what took place during Raquel's last hours in Argentina, but the words are out of order. Read all of the words in each group, then put them
in the correct order to form complete sentences.

1. llevó / Raquel / a / aeropuerto / Arturo / al
2. se / los dos / entrada / en / despidieron / la
3. con / besaron / se / ternura
4. despedida / fue / triste / la
5. un / tuvo / poco / Raquel / esperar / que
6. carta / le / a / Sra. Suárez / escribió / una / la

Repaso de los episodios 12–17

Actividad A. La búsqueda de Raquel

The following summary of the first part of Raquel's search in Buenos Aires is adapted from her letter to Sra. Suárez. Complete it with phrases from the following list. ¡OJO! Not all of the phrases will be used.

se mudó a Puerto Rico
murió hace algunos años
era el hijo de Rosario y don
    Fernando
no me sirvió para nada
había muerto

perdió contacto con su hermano
se fue de la casa
se quedó en casa
me sirvió bastante
ya no vivía allí

Estimada Sra. Suárez:

Ojalá que cuando reciba esta carta se encuentre bien de salud. Mi viaje a Buenos Aires ha resultado fructífero gracias a su bondad en ayudarme, pues la dirección de la estancia _____.¹ Sin embargo, me da mucha pena tener que decirle que su buena amiga Rosario _____.²

En la estancia averigüé que la familia Iglesias _____.³ Un hombre me dio la dirección del hijo de Rosario. Fui a buscarlo, creyendo que _____.⁴ Imagínese Ud. la sorpresa que tuve al encontrarme con otro hijo de Rosario.

Fue durante esa conversación que el hijo, Arturo Iglesias que así se llama, me contó que Rosario _____.⁵ En el cementerio conseguí pruebas de la muerte de Rosario y allí Arturo me contó que Ángel Castillo _____⁶ por una pelea que tuvo con su padrastro. A causa de ese doloroso episodio, Arturo _____.⁷ Al día siguiente, comenzamos juntos la búsqueda del paradero de Ángel.

Actividad B. La búsqueda de Arturo y Raquel

The following sentences from Raquel's letter describe her search with Arturo, but they are out of order. Put them in order, from 1 to 7.

a. _____ Finalmente dimos con un hombre [Héctor].
b. _____ En verdad, le estoy escribiendo esta carta desde el aeropuerto.
c. _____ Sabiendo que Ángel se quedó a vivir en Puerto Rico y con la dirección de su casa en San Juan, hice los preparativos para salir de Buenos Aires.
d. _____ Preguntamos por Ángel Castillo en varios lugares del barrio italiano, La Boca.
e. _____ Después de varios días, Héctor llamó a Arturo para decirle que había encontrado la carta.
f. _____ Pero nadie se acordaba de Ángel.
g. _____ Ud. no tiene idea de lo difícil que nos fue conseguir la información que buscábamos.

Actividad C. Las actividades de Raquel

As you know, Raquel's visit to Buenos Aires involved more than just the search for Ángel. Here are the last paragraphs of Raquel's letter to Sra. Suárez, but some of the information has been changed. Read through the letter and indicate the incorrect information.

Tendría que decirle que mi estancia en Buenos Aires no ha sido nada más que trabajo. En primer lugar, he tenido la oportunidad de conocer un poco el país. Pude hacer unas compras, pues como Ud. sabrá en la Argentina hay muchos artículos de oro muy bonitos. Y, claro, también comí y comí y comí y comí… pero no me gustó.

Si me permite la confianza, quisiera decirle que no seguí sus consejos. El hermano de Arturo, Ángel, se ha hecho buen amigo mío. Para decir la verdad, siento un amor muy especial por él. Resulta que Arturo me va a visitar en San Juan en un mes. Así concluye mi estancia en Buenos Aires.

Siento mucho la pelea que Ud. tuvo con su buena amiga tanto por Ud. como por don Fernando. Ojalá mi viaje a Puerto Rico tenga los resultados deseados, que encuentre a Rosario Castillo y que por fin se reúna con su madre.

Reciban Ud. y su familia un saludo cordial de
Raquel Rodríguez

Un viaje
a Puerto Rico

El Morro, San Juan

19

Por fin...

Preparación

Actividad.

Paso 1
In this video episode Raquel has a conversation with a woman. In the conversation the woman will say the following: "Los dos están enterrados en el antiguo cementerio de San Juan." Read the line over a few times, so that you recognize it.

Paso 2
Now read the conversation. You should be able to obtain a lot of information from it.

LA VECINA: Señorita, ¿a quién busca?

RAQUEL: Buenos días, señora. Busco al señor Ángel Castillo.

LA VECINA: ¿No sabe Ud., señorita? El señor Castillo murió.

RAQUEL: ¿Cuándo murió?

LA VECINA: Hace poco. Es una pena, tan buenos vecinos que eran. Pero el pobre...

RAQUEL: ¿Ángel?

LA VECINA: Sí, Ángel Castillo. Nunca se repuso de la muerte de su esposa.

RAQUEL: ¿Entonces era casado?

LA VECINA: Sí. Su señora era una mujer muy linda. Era escritora. Pero murió ya hace varios años. Los dos están enterrados en el antiguo cementerio de San Juan.

Paso 3

Now answer the following questions about the conversation.

1. **Enterrados** means *buried*. Now that you know that, what two people do you think the woman is talking about? *Hint*: What two people would be of interest to Raquel at this moment?

2. The neighbor also says: "Nunca se repuso de la muerte de su esposa." The verb form **se repuso** comes from the infinitive **reponerse**, meaning *to get over* or *recover from* (*an illness*). Who is the woman describing in this sentence, a man or a woman? Do you think she is talking about Ángel or about someone who knew him well?

AFTER VIEWING . . .

¿ **T** ienes buena memoria?

Actividad A.   Nuevos personajes

In this video episode of *Destinos* you have met some new characters. How much do you remember about them? Complete the following statements about the people shown in the photographs.

1. Esta señora es la... esposa / vecina / viuda... de Ángel Castillo.
2. La señora le dice a Raquel que Ángel... se mudó a otro país / volvió a España / murió hace poco.
3. Le dice también que la esposa de Ángel era... anciana / escritora / maestra de primaria.

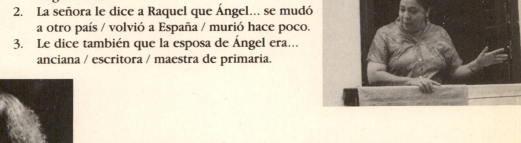

4. Raquel descubre que esta señorita es la... hija / novia / viuda... de Ángel.
5. Ángela llama a... unos parientes / unos amigos / sus hermanos... para que vengan a conocer a Raquel.
6. Hay otra sorpresa para Raquel al final del episodio. Ángela le dice que... ya sabe de don Fernando / tiene un hermano / ya conoce a Arturo.

Actividad B.   La primera tarde en San Juan

Raquel's investigation gets off to a quick start in Puerto Rico. She finds a member of Ángel's family quickly, and it appears that she will soon meet more family members.

Complete this summary of part of her afternoon with Ángela with the following phrases. ¡OJO! Not all of the phrases will be used.

encontrar una foto de su padre
tomar una foto
llamar a sus tíos
mudarse
visitar un lugar de interés histórico
mostrarle otros lugares interesantes

está en Nueva York
van al cementerio
hablan más
debe ser muy triste para Ángela
regresan al apartamento
va a México

En el apartamento, Ángela le dice a Raquel que piensa _____.¹ «No quiero vivir sola en este apartamento», dice. Raquel queda sorprendida, porque el apartamento es muy bonito. Pero también comprende que el recuerdo de sus padres _____.²

Ángela trata de _____,³ pero no tiene suerte. Mientras sigue intentando, Raquel sale a _____,⁴ la Casa Blanca. Luego Ángela se reúne con ella para visitar los jardines de la Casa Blanca y para _____.⁵ Van al Parque de las Palomas y a la Capilla de Cristo y finalmente _____.⁶

Allí es donde Raquel descubre que Ángela tiene novio. Pero no lo va a conocer pronto porque _____.⁷ Raquel también ve la foto de un joven atractivo. ¡Otro hijo de Ángel!

20

Relaciones estrechas

BEFORE VIEWING . . .

Preparación

Actividad A.

Complete the following statements about the previous video episode.

1. La hija de Ángel / Una vecina / Una amiga… le dio a Raquel la triste noticia de la muerte de Ángel y de su esposa.
2. Ángela es… la hija / la esposa / la sobrina… de Ángel.
3. Cuando Raquel le dijo a Ángela que tenía un abuelo en México, Ángela… estaba furiosa / estaba sorprendida / no lo creía.
4. Al final del episodio, Ángela y Raquel esperaban… a los tíos / a los hermanos / al novio… de Ángela.

5. Mientras esperaban, Ángela le dijo a Raquel que... tenía un hermano también / no quería ir a México con ella / vendía su apartamento.

Para pensar...

¿Cómo va a reaccionar la familia de Ángela cuando todos sepan las noticias? ¿Van a creer la historia? ¿Va a poder Ángela ir a México con Raquel?

Actividad B.

Paso 1

In this video episode you will meet one of Ángela's aunts, **la tía Olga**. Ángela calls her **la gruñona de la familia.** Read a conversation from **Episodio 20** between Raquel, Olga, and Ángela.

RAQUEL: ...Y como don Fernando está gravemente enfermo en el hospital, es importante que Ángela vaya a México pronto.

OLGA: Creo que eso va a ser imposible.

ÁNGELA: ¿Por qué?

OLGA: Ángela, no conocemos a esa gente. Puede ser peligroso.

ÁNGELA: Titi Olga, por favor...

Paso 2

Now answer the following question.

Olga dice que un viaje a México «puede ser peligroso». ¿Qué significa **peligroso**?

a. _____ dangerous   b. _____ exciting   c. _____ inconvenient

---

Para pensar...

¿Crees que la reacción de la tía Olga es razonable? Escucha con atención las preguntas que Olga le hace a Raquel en este episodio. Nota también la reacción de Ángela a las preguntas de Olga. ¿Crees que su reacción es razonable?

Actividad C.

Paso 1

In this video episode you will hear Ángela read from a storybook that her father wrote for her when she was a child. Read the beginning of the story. You should also look carefully at this illustration from the storybook.

El coquí y la princesa

A nuestra hija Ángela, nuestra princesa...

Érase una vez un coquí. Le gustaba pintar. Su padre y su madre querían mandarlo a la escuela. Pero el pequeño coquí no quería estudiar. Sólo quería pintar.

Paso 2

1. Según el dibujo, ¿qué es un coquí?
   a. _____ un animal anfibio pequeño y verde
   b. _____ un animal grande y feroz
   c. _____ un animal grande pero dócil

2. El coquí representa a una persona de esta historia. ¿A quién representa? ¡OJO!
   ¿A quién le pasó lo mismo?
   a. _____ a Arturo
   b. _____ a Ángel
   c. _____ a don Fernando

3. ¿Qué significan las primeras palabras de la historia, «Érase una vez... »?
   a. _____ It was a cold and rainy
         night . . .
   b. _____ Call me . . .
   c. _____ Once upon a time . . .

AFTER VIEWING . . .

¿Tienes buena memoria?

Actividad A.　¿Quiénes son?

Complete the following activity about some of the characters you met in this video
episode.

1. Esta señora es
   a. _____ la tía de Raquel
   b. _____ la abuela de Ángela
   c. _____ la prima de Ángel

2. Se llama
   a. _____ María Luisa de Castillo
   b. _____ Isabel Santana de Trujillo
   c. _____ Carmen Contreras de Soto

3. Vive en
   a. _____ San Juan, Puerto Rico
   b. _____ San Germán, Puerto Rico
   c. _____ Nueva York

4. Ángela la llama porque
   a. _____ quiere su permiso para ir a México
   b. _____ quiere pedirle dinero para viajar con Raquel
   c. _____ Raquel quiere conocerla

a.   b.   c.   d.   e   f.   g.

Now match Ángela's relatives with their names.

5. _____ la abuela de Ángela
6. _____ el tío Carlos
7. _____ el tío Jaime
8. _____ la tía Olga
9. _____ la tía Carmen
10. _____ la madre de Ángela
11. _____ Ángel Castillo, a los 50 años

Actividad B.   Yerno y suegra

Ángel era el yerno de doña Carmen. ¿Cuánto recuerdas acerca de su relación?

1. Según Ángela, los dos
   a. _____ tenían unas relaciones muy estrechas
   b. _____ no se llevaban bien
   c. _____ se toleraban el uno al otro

2. Según el episodio, doña Carmen
   a. _____ no guarda nada de Ángel
   b. _____ tiene algo que pertenecía a Ángel
   c. _____ realmente no quería mucho a su yerno

Actividad C.   Llamadas de larga distancia

En este episodio, dos personas llamaron a México. ¿Cuánto recuerdas de sus llamadas?

1. ¿Quiénes llamaron a México?
   a. _____ Raquel y doña Carmen
   b. _____ Raquel y el tío Jaime
   c. _____ Ángela y Raquel

2. ¿A quiénes llamaron? Y ¿pudieron hablar con ellos?

   _____ llamó a _____. Pudo/No pudo hablar con él/ella.

   _____ llamó a _____. Pudo/No pudo hablar con él/ella.

Para pensar...

¿Quién llamaba a la habitación de Raquel al final del Episodio 20? ¿Era una llamada de México… con malas noticias?

Más allá del episodio: Ángela y su Titi Olga... y un poco de sicología

La tía Olga y Ángela son muy diferentes, pero se quieren mucho.

Ángela tiene 25 años, pero su familia todavía es muy importante para ella. ¿Por qué tiene tanta prisa por invitar a sus tíos a su casa? ¿Por qué vienen tan rápidamente? ¿Por qué parece que la tía Olga trata de controlarle la vida a Ángela?

Parte de la explicación de todo esto se encuentra en ciertos valores culturales del mundo de habla española. Más que en Norteamérica, la familia es parte importante de la vida diaria y emotiva[1] de una persona hispana. Aunque las generalizaciones siempre son peligrosas, muchos hispanos al llegar[2] a los Estados Unidos notan que las familias norteamericanas no son tan unidas como las familias hispanas.

Las relaciones entre Olga y Ángela también se explican al considerar[3] la personalidad de estas dos mujeres. Ángela siempre vacila entre el «soy independiente» y el «quiero que me necesites». Como muchas personas, ella a veces recurre a[4] la ayuda de su familia (o la de otras personas) sólo para llamar la atención, para asegurarse de que es importante para los otros. La conducta de Ángela no es patológica en este sentido; sus acciones son típicas de muchas personas y son parte de las mil maneras «normales» de adaptarse del ser humano.[5]

Olga también necesita la atención de sus parientes y quiere ser «necesitada[6]». Desde pequeña, Olga ha creído[7] que es la menos querida entre los hijos de doña Carmen. No se creía tan inteligente como Jaime ni tan guapa como Carmen ni tan simpática como Carlos. Por eso Olga siempre ha tratado de dominar a los otros.

Desde que murió la madre de Ángela, Olga se ha visto a sí misma[8] como una madre sustituta para su sobrina. Así, ha tratado de ejercer más y más control sobre la vida de Ángela. Pero al mismo tiempo realmente ha ayudado a Ángela. Cuando Ángel murió, fue Olga quien ayudó con todos los arreglos funerarios. Cuando Roberto se fue a México, Olga le preguntó a Ángela si quería irse a vivir con ella, para que no estuviera[9] tan sola.

Sin embargo, es importante notar que Ángela y Olga se quieren mucho. La familia de doña Carmen Contreras de Soto sí es muy unida. Eso lo ve Raquel perfectamente bien. Cuando Ángela le saca la lengua[10] a Olga, Raquel le asegura que no es para tanto,[11] que la tía sólo está preocupada. Y seguramente la semana que viene—si Ángela no está en México—Olga y Ángela harán planes para ir de compras. Y lo pasarán muy bien juntas.

[1] diaria... *daily and emotional*   [2] al... *when they arrive*   [3] al... *by considering*   [4] *resorts to*   [5] *ser... human being*
[6] *needed*   [7] ha... *has believed*   [8] se... *has seen herself*   [9] para... *so that she wouldn't be*   [10] le... *sticks her tongue out*
[11] no... *it isn't such a big deal*

El peaje

BEFORE VIEWING . . .

Preparación

Actividad A.

Answer the following questions about the previous video episode.

1. ¿Cuál era la actitud de los tíos de Ángela mientras escuchaban la historia de la investigación de Raquel?
   a. _____ Escuchaban sin gran interés.
   b. _____ Escuchaban con mucha atención.

2. ¿Cuál de los tíos tenía mucho que decir acerca de la historia de Raquel?
   a. _____ el tío Carlos
   b. _____ la tía Olga

3. En general, ¿cómo reaccionaban los tíos de Ángela ante las noticias?
   a. _____ Estaban preocupados.
   b. _____ Reaccionaban con indiferencia.

4. De los parientes de Ángela, ¿quién parecía ser el centro de la familia?
   a. _____ la tía Olga
   b. _____ el tío Jaime
   c. _____ la abuela

5. ¿Cómo eran las relaciones entre doña Carmen, la abuela, y su yerno, Ángel?
   a. _____ Eran problemáticas.
   b. _____ Eran muy estrechas.

6. ¿Con quién tiene que hablar ahora Raquel?
   a. _____ con la tía Olga
   b. _____ con doña Carmen

Actividad B.

In this video episode Raquel has the following conversation with an employee at a toll-booth on the highway. Read it, keeping in mind that the word **taller** means *repair shop*.

RAQUEL: Perdone. Algo le pasó al carro. ¿Nos podría ayudar?
EMPLEADA: Me gustaría mucho, señorita, pero no puedo. ¿Por qué no llaman a un taller en Ponce?

Now answer the following questions.

1. ¿Qué problema tienen Raquel y Ángela en el camino a San Germán?
   a. _____ No funciona el carro.
   b. _____ Paran porque necesitan gasolina.

2. ¿Hay talleres en la autopista?
   a. _____ No, pero los hay en una ciudad que está cerca.
   b. _____ Sí, junto al peaje.

AFTER VIEWING . . .

¿**T**ienes buena memoria?

Actividad   La historia sigue

The following statements are taken from Raquel's summary at the end of **Episodio 21**. Indicate the phrase that completes the statement or answers the question.

1. Esta mañana Ángela, su prima Laura y yo salimos de San Juan para ir a
   a. _____ Ponce   b. _____ San Germán   c. _____ Caguas

2. En ruta a San Germán aprendí muchas cosas interesantes. Por ejemplo, ¿es una peseta puertorriqueña igual a una peseta española?
   a. _____ No. Vale un dólar. Es una moneda norteamericana.
   b. _____ Sí. Son iguales. Una peseta puertorriqueña y una peseta española valen lo mismo.
   c. _____ No. Vale veinticinco centavos. Es una moneda norteamericana.

3. En Puerto Rico una banana es **un guineo**. En España se dice **plátano**. Otra fruta con un nombre diferente es
   a. _____ la manzana   b. _____ la naranja   c. _____ la pera

4. En camino a San Germán, cerca del peaje, tuvimos problemas con
   a. _____ la comida   b. _____ mi sombrero   c. _____ el carro

5. La mujer del peaje me dio un número de un taller para llamar. ¿En dónde estaba el taller?
   a. _____ En San Juan.   b. _____ En Caguas.   c. _____ En Ponce.

6. Luego vino el señor del taller y remolcó el carro a Ponce. En el taller, supimos que el carro
   a. _____ simplemente no tenía gasolina
   b. _____ estaba en muy malas condiciones
   c. _____ era imposible de reparar

7. Y aquí estamos, cansadas y listas para dormir. Ahora tendré que esperar hasta mañana para conocer
   a. _____ al hermano de Ángela
   b. _____ a Carmen Contreras
   c. _____ al dueño del taller

Recuerdos

*Estos son
mis amigos del puerto...
los primeros en decirme que me dedicara a la pintura.*

BEFORE VIEWING . . .

Preparación

Actividad.

In the previous video episode, Raquel and her traveling companions set off for San Germán, where Ángela's grandmother lives. Their trip was not uneventful, however. Complete the following summary of the previous episode. No words are given from which to choose, but you should be able to complete the paragraph easily. Read it through at least once before you fill in the blanks.

En camino a San Germán, Raquel, Ángela y Laura, la _____[1] de Ángela, tuvieron

dificultades con el _____[2] Llamaron a un _____[3] de reparaciones. Vino

un hombre y remolcó el carro a Ponce. El mecánico les dijo que el carro no iba a estar listo hasta el

_____[4] Raquel y sus dos compañeras tuvieron que pasar la noche en _____[5]

Para pensar...

Esto es un baúl. Contiene artículos personales de alguien. ¿De quién?

¿Qué hay en la caja que le está dando doña Carmen a Ángela? ¿Será algo relacionado con la historia de Ángel?

AFTER VIEWING . . .

¿Tienes buena memoria?

Actividad.   Las preguntas de Raquel

Paso 1
Here are the first questions that Raquel asks at the end of the video episode while she is waiting for the family to say good-bye. Read the questions and select the correct answer from the choices provided.

1. Esta mañana fuimos al taller a recoger el carro. ¿Estaba listo el carro cuando llegamos?
   a. _____ Sí.   b. _____ No.
2. ¿Y cómo estaba Ángela?
   a. _____ Estaba muy contenta.
   b. _____ Estaba furiosa.
3. Cuando llegamos a San Germán, Dolores nos recibió en la casa. ¿Dónde estaba la abuela?
   a. _____ Estaba en la iglesia.
   b. _____ Estaba en el mercado.
   c. _____ Estaba en el patio.

Paso 2
Now read the following statements about Raquel's conversation with doña Carmen and indicate whether they are **Cierto** (**C**) or **Falso** (**F**). Think both about what you have seen and heard in the video episode and what you know about the characters from other sources.

C   F   1. Ángela estudió en la Universidad de Puerto Rico, en San Juan.
C   F   2. Cuando la mamá de Ángela se enfermó, Ángela se quedó a vivir con la abuela.
C   F   3. El padre de Ángela venía todos los fines de semana a San Germán.
C   F   4. Pero en San Germán, Ángel no tenía interés en pintar.

Paso 3

Now continue to read and answer Raquel's questions.

1. Después de la conversación, Ángela y yo fuimos al cuarto de Ángel. ¿Y qué encontramos allí? Encontramos una hojas. ¿Y qué contenían las hojas?
   a. _____ Poesías.   c. _____ Fotografías.
   b. _____ Recuerdos.
2. Y estas hojas de recuerdos, ¿decían algo sobre la vida de Ángel en la Argentina?
   a. _____ Sí.   b. _____ No.

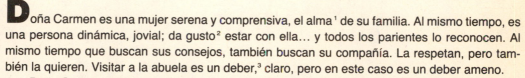

Más allá del episodio: Doña Carmen, suegra de Ángel

Doña Carmen se llevaba muy bien con su hija y su yerno.

Doña Carmen es una mujer serena y comprensiva, el alma[1] de su familia. Al mismo tiempo, es una persona dinámica, jovial; da gusto[2] estar con ella… y todos los parientes lo reconocen. Al mismo tiempo que buscan sus consejos, también buscan su compañía. La respetan, pero también la quieren. Visitar a la abuela es un deber,[3] claro, pero en este caso es un deber ameno.

Doña Carmen adoraba a su hija María Luisa. Cuando ésta[4] se enamoró de repente de Ángel, pensaba que ella había encontrado[5] en ese ex marinero argentino al compañero ideal. Su hija y su yerno venían con frecuencia a San Germán a visitarla.

A Ángel le gustaba mucho pintar, pero sobre todo en el pueblo colonial donde vivía su suegra. Se sentaba en el jardín y pintaba todo el día; le gustaba sobre todo la luz de ese lugar, por la mañana o al anochecer.[6] A veces se quedaba en su cuarto y pintaba toda la noche. Doña Carmen perdonaba esa manía de su yerno porque le gustaban mucho sus pinturas; creía que realmente tenía talento. Y cuando María Luisa criticaba a su esposo en broma[7] por pasar tanto tiempo pintando, su madre la silenciaba. La suegra sí comprendía lo que era ser pintor. Así nació entre doña Carmen y Ángel una gran amistad.[8]

Doña Carmen observaba a Ángel y María Luisa y veía que eran muy felices. Pero su instinto de madre le decía que algo triste había ocurrido[9] en el pasado de Ángel. Un día lo encontró contemplando unos retratos que él había pintado. Vio emoción en su rostro[10] y lágrimas en sus ojos.[11] Le preguntó: «¿Quiénes son estas personas, Ángel?» Ángel no contestó inmediatamente. Doña Carmen no insistió, pero se quedó a su lado. Después de un largo silencio, Ángel la miró y murmuró: «Son mi madre y mi hermano.»

Doña Carmen no sabía qué decir. Se quedó sorprendida, esperando una explicación. Ángel, por su parte, sintió la necesidad de confiarle su secreto. Entonces le contó la historia de la muerte de su padrastro y cómo se sintió culpable… de cómo se fue de Buenos Aires y nunca quiso regresar. También le pidió que guardara[12] su secreto. No quería ni que María Luisa supiera[13] la verdad.

Doña Carmen le prometió no decirle nada a nadie. Ángel se sintió aliviado[14] y mucho más tranquilo. A los pocos días Ángel le confió a doña Carmen una pequeña caja. Le explicó el significado de su contenido y le pidió que se la entregara[15] a sus hijos cuando ella lo creyera[16] necesario.

[1]soul [2]da… it is a pleasure [3]duty [4]the latter [5]había… had found [6]al… at nightfall [7]en… jokingly [8]friendship [9]había… had happened [10]face [11]lágrimas… tears in his eyes [12]she keep [13]to know [14]relieved [15]she hand over [16]believed

23

Vista al mar

Preparación

Actividad A.

In the last video episode of *Destinos* Raquel and Ángela spent time with doña Carmen, Ángela's grandmother. Do you remember the most important things that happened? Select the best answer for the following questions.

1. ¿Cómo reaccionó la abuela cuando Ángela le dijo que quería ir a México a conocer a don Fernando?
   Estaba _____.   a. a favor   b. en contra   c. indiferente

2. ¿Qué encontró Ángela entre las cosas de su padre?
   Encontró _____.   a. un álbum de fotografías   b. un libro de poesías
   c. unas hojas con sus recuerdos

3. ¿Qué le dio la abuela a Ángela?
    Le dio _____.   a. un retrato de Rosario   b. la copa de bodas
    de Rosario   c. una carta de Rosario

Actividad B.

As you know, Ángela wants to sell her parents' apartment in El Viejo San Juan. What kind of house or apartment do you think she will want to move into?

Ángela va a querer...
a. _____ una casa antigua, en el Viejo San Juan, similar a la casa de sus padres
b. _____ un apartamento en un edificio muy moderno con una vista panorámica al mar
c. _____ un apartamento pequeño pero cómodo, cerca de la universidad (donde tra-
    baja su novio)

Para pensar...

¿Ha hablado Ángela con su hermano, Roberto, sobre la venta de la casa de sus padres?
¿Debe vender la casa sin consultar con él?

AFTER VIEWING . . .

¿Tienes buena memoria?

Actividad A.   ¿Relaciones serias?

Part of the video episode you have just seen focused on Raquel's activities. Can you complete this summary of the episode without consulting the choices that follow?

Esta tarde Raquel está en la facultad de la Universidad de Puerto Rico. Está esperando a

Ángela, y ella _____¹ su novio Jorge.

Ángela y Raquel regresaron de San Germán _____.² Tan pronto como Raquel

llegó a su habitación, hizo una llamada de larga distancia _____.³ Afortunadamente

Arturo estaba en casa y los dos pudieron hablar un rato. Arturo le sorprendió a Raquel cuando le

dijo que _____.⁴

Ahora Raquel está un poco perpleja. Arturo le gusta mucho, eso sí. Pero Raquel

_____⁵ quiere tener relaciones serias en estos momentos.

1. está hablando afuera con / está tratando de llamar a
2. ayer por la mañana / ayer por la noche
3. a Buenos Aires para hablar con Arturo / a México para hablar con Pedro
4. la quería mucho / ya no la quería como antes
5. no sabe si / está segura que

Actividad B.   La vida de Ángela

The rest of **Episodio 23** focused on events and decisions in Ángela's life. Can you answer these questions about Ángela without referring to the list of **Frases útiles** that follows?

1.   ¿Dónde trabaja Ángela?
2.   ¿Con quién tenía que hablar allí?
3.   ¿Con quién quería hablar en la universidad?
4.   ¿Qué hacía esta persona cuando Raquel y Ángela llegaron?
5.   ¿Qué le mostró Ángela a esta persona?

Frases útiles: en una tienda/un banco, con una amiga/su jefa/su profesor/su novio, tomar/dar una clase, una copa/unas hojas

24

El don Juan

BEFORE VIEWING . . .

Preparación

Actividad A.
Here is the text of the summary of **Episodio 23** which you will hear at the beginning of this video episode. But some of the details have been changed. Read through the text and correct as many details as you can. *Hint*: There are three incorrect details in each paragraph.

Al final de su estancia en San Germán, la abuela doña Carmen le da a Ángela un objeto muy especial… un regalo de su madre. Desde el hotel, Raquel manda un telegrama a Buenos Aires. Le cuenta a Arturo que Ángel ya murió… y que Ángel tenía dos hijas.

Ángela y Raquel hablan con la supervisora de la tienda donde Ángela trabaja. Le pide dos meses libres para ir a México a visitar a su abuelo, don Fernando. Don Fernando está muy enfermo y Ángela le explica a la supervisora que don Fernando va a enfadarse.

Raquel y Ángela hacen los preparativos para salir mañana para Los Ángeles. Luego van a la universidad para ver a Jorge, el hermano de Ángela. En un patio de la universidad, Ángela y Jorge hablan del viaje.

Para pensar...

Piensa en el título de este episodio. ¿Qué es un «don Juan»? ¿A quién se podría referir este nombre en este episodio?

   Una palabra importante que vas a oír en este episodio es **mujeriego.** ¿Hay un hombre mujeriego en este episodio?

Actividad B.

Read the following conversation between Ángela, Raquel, and Jorge. Then answer the question about it.

JORGE: ¿Por qué no nos vamos a vivir a Nueva York?
ÁNGELA: No, gracias. Me gusta visitar esa ciudad, pero ¿vivir? No. Además, ¿no vas a formar una compañía de teatro acá en San Juan?
JORGE: Hay en San Juan un cine que puede funcionar como teatro.
RAQUEL: Tiene que ser caro.
JORGE: Sí, lo es. Pero es el mejor sitio. Perdónenme. Voy a cambiarme.

Piensa bien en lo que Jorge quiere hacer, porque esto va a provocar un conflicto. ¿Cuál podría ser el conflicto?

a. _____ Ángela cree que la idea de Jorge no es buena. Por eso pelean.
b. _____ Jorge le pide consejos sobre asuntos legales a Raquel, pero ella se niega a dárselos.
c. _____ Ángela quiere ayudarle a Jorge, pero Raquel cree que no es una buena idea.

AFTER VIEWING . . .

¿**T**ienes buena memoria?

Actividad.   Las preguntas de Raquel

As usual, Raquel recapped the most important moments of the video episode in her review at the end of the show. Here is a series of statements based on her review. Can you complete them with a few essential details? Your answers need not be long or involved.

a. viajar a México en unos días
b. tutearla
c. Jorge las esperaba
d. estaba muy contento
e. lo esperaba un estudiante

f. el novio de Ángela
g. un don Juan
h. nadaban
i. hacía llamadas
j. se enojó con Raquel

1. Raquel fue con Ángela a la universidad para conocer a Jorge, el novio de Ángela. Para Raquel, fue una sorpresa cuando Jorge empezó a _____.
2. Por sus acciones, Raquel creía que Jorge era _____.
3. Cuando Ángela quería llevar a Raquel al museo de Oller, Jorge no quería acompañarlas porque _____.
4. Las dos mujeres vieron la colección de obras de Oller. _____ cuando salieron del museo. Todos fueron a unas tiendas cerca de la universidad, donde Raquel compró unos cassettes.
5. En el hotel, Jorge y Ángela _____ mientras Raquel _____. Habló con su madre y con Arturo.
6. Con su madre, Raquel habló sobre _____. Según su madre, Raquel no debe meterse en la vida personal de otras personas. Efectivamente, cuando Raquel trató de hablar con Ángela, ésta _____.
7. Con Arturo Raquel tuvo una conversación agradable porque Arturo _____. Raquel también se alegra, porque Arturo va a _____.

25

Reflexiones I

Preparación

Para pensar...

Las noticias sobre Roberto dejan a Raquel en *shock*. En ese trance, comienza a recordar y reflexionar sobre su difícil investigación. ¿Qué acontecimientos de su investigación recuerda? ¿Cuáles son los acontecimientos más importantes desde su salida de México hasta su llegada a Puerto Rico?

AFTER VIEWING . . .

¿**T**ienes buena memoria?

Actividad.   ¿Lo recuerda o no?

All of the following events have happened so far during Raquel's investigation, but did Raquel remember them as she thought back over the last few weeks? Indicate whether the following events were part of the review in **Episodio 25** (**Sí**) or not (**No**).

Sí	No	1.	Raquel conoció a la familia de la persona que le escribió la carta a don Fernando.
Sí	No	2.	Jaime y su perro se perdieron en las calles de Sevilla.
Sí	No	3.	Raquel viajó a Madrid en tren.
Sí	No	4.	Conoció a Teresa Suárez y habló con ella sobre Rosario.
Sí	No	5.	En la Argentina, visitó una hacienda y conoció a un gaucho.
Sí	No	6.	Supo que Rosario ya murió pero conoció a otro hijo de ella.
Sí	No	7.	Pasó mucho tiempo con Arturo buscando a Ángel, el hijo de Rosario y don Fernando.
Sí	No	8.	Raquel y Arturo se besaron por primera vez.
Sí	No	9.	Héctor les dijo que Ángel se fue a vivir a Puerto Rico.
Sí	No	10.	Arturo prometió ir a Puerto Rico para seguir la búsqueda.

Repaso de los episodios 1–18

Actividad A.   Raquel habla con Teresa Suárez

You have now seen and heard several times the important conversation that takes place between Raquel and Teresa Suárez. It should be easier for you to understand most of it now. Here is part of the conversation, with all but the first of Teresa Suárez's lines missing. Complete the conversation with the appropriate lines from the list of possibilities on page 94.

RAQUEL: En su carta Ud. le dice que Rosario no murió en la guerra.

TERESA: Es verdad. Rosario no murió. _____[1]

RAQUEL: Ay…

TERESA: _____.²

RAQUEL: También en su carta Ud. le dice que Rosario tuvo un hijo.

TERESA: _____.³

RAQUEL: ¿Y qué nombre le puso?

TERESA: _____.⁴

RAQUEL: ¿Y dónde nació Ángel?

TERESA: _____.⁵

RAQUEL: ¿Y dónde vive Rosario ahora?

TERESA: _____.⁶

RAQUEL: ¿A la Argentina?

TERESA: _____.⁷

RAQUEL: ¿Y sabe dónde se estableció Rosario?

TERESA: _____.⁸

RAQUEL: ¿Se casó de nuevo?

TERESA: _____.⁹

RAQUEL: Sí, sí. Lo comprendo. ¿Y con quién se casó?

TERESA: _____.¹⁰

a. Después de la guerra se fue a vivir a la Argentina.
b. Sí. Todo este asunto es muy triste.
c. Ángel… Ángel Castillo.
d. Sí, sí. Como Ud. sabe, muchos españoles salieron del país después de la guerra.
e. Pues sí. Rosario era muy atractiva… muy simpática. Y como ella creía que Fernando había muerto…
f. Gracias a Dios, escapó de esa tragedia… pero ella creía que Fernando había muerto.
g. Muy cerca de Buenos Aires. La última carta que recibí de ella fue cuando se casó de nuevo.
h. Con un hacendado… un argentino llamado Martín Iglesias.
i. Sí.
j. En Sevilla, claro. Es allí donde conocí a Rosario.

Actividad B. La búsqueda en la Argentina

In Argentina Raquel meets Arturo and the two search for Ángel, Arturo's half brother and the son of Rosario and don Fernando. Together they find Héctor Condotti, who once knew Ángel and who has some important information about him. The following narration about their meeting with Héctor contains some false information. Indicate the information you think is incorrect. *Hint*: There are one or two incorrect details in each paragraph.

Después de conocer a Héctor en el Piccolo Navio, Raquel y Arturo lo acompañaron a su casa. En la calle le mostraron a Héctor un cuadro de Ángel y le preguntaron si conocía al artista. «Ángel», respondió Héctor. «Claro que lo recuerdo bien. Era mi amigo.»

En el camino, empezaron a hablar de Ángel. Cuando llegaron a la casa de Héctor, él los invitó a entrar. Héctor les dijo que creía que Ángel consiguió trabajo en un barco. En ese momento, su esposa lo llamó y Héctor subió a su apartamento.

Arturo y Raquel ya se iban, pero Héctor volvió con una foto de Ángel que le dio a Arturo. Muy conmovido, Arturo le dio las gracias. Héctor también les dijo que creía que Ángel se quedó a vivir en el extranjero. No estaba seguro, pero creía que era en España.

Luego recordó una tarjeta postal que había recibido de Ángel. Ésta debería indicar la dirección de Ángel. Entonces Raquel y Arturo se fueron. Esa noche, los dos estaban muy pensativos, especialmente Arturo.

Actividad C.   «Hay que dedicarle tiempo al corazón.»

During Raquel's stay in Argentina, she and Arturo begin to feel a strong attraction for each other. But Raquel must leave Buenos Aires to continue the search for Ángel. They begin to say their good-byes on a pier, after receiving Ángel's letter from Héctor. Complete their conversation with items from the lists.

Verbos: decir, dejar, estar, extrañar, me gustaría, recordar, te gustaría
Sustantivos: la búsqueda, el extranjero, el tiempo, el trabajo, el primer vuelo
Adjetivos: muy bien, muy mal, regular
El tiempo: muchos años, unas semanas, unos pocos días

ARTURO: ¿Ya decidiste cuándo te vas a ir?

RAQUEL: Debería tomar _____.[1] Don Fernando está _____.[2] Y no

puedo tardarme mucho.

ARTURO: Hace _____[3] que te conozco... y parece como si hiciera

_____.[4]

RAQUEL: Yo siento lo mismo.

ARTURO: Te voy a _____.[5]

RAQUEL: Yo también a ti.

ARTURO: Aunque... tal vez...

RAQUEL: ¿Tal vez?

ARTURO: Tal vez... yo podría ir a Puerto Rico, y los dos continuar _____[6] de

Ángel.

RAQUEL: ¿Quieres decir que irías a Puerto Rico?

ARTURO: ¿_____[7]?

RAQUEL: ¡Claro que sí! Mucho. Pero, ¿tú puedes?

ARTURO: Creo que sí.

RAQUEL: ¿Y tu _____[8]? ¿tus pacientes?

ARTURO: Bueno, no sería fácil _____[9] todo. Pero... yo quiero ir.

Reflexiones II

BEFORE VIEWING . . .

reparación

Actividad.

Look at the following photographs of people Raquel met or heard about in Puerto Rico and match the photos with the names given. Then read the statements that accompany them and indicate which is correct. Then add one true statement of your own about the character. Your statement can be factual or it can be your own opinion about the character.

a.   Jorge Alonso
b.   los tíos de Ángela y Roberto
c.   doña Carmen

d.   Ángel, con su esposa y suegra
e.   Ángela Castillo
f.   Roberto Castillo

1.

1. Es _____.
   a. Es una joven tranquila que sigue siempre lo que le dice la razón.
   b. Es una joven impaciente e ingenua... y muy enamorada.
   c. ¿ ?

2.

2. Es _____.
   a. Su opinión es muy importante para Ángela... y para los otros parientes también.
   b. Nadie en la familia le hace mucho caso.
   c. ¿ ?

3.

3. Es _____.
   a. Como en el estereotipo, este yerno no se llevó muy bien con su suegra.
   b. Este yerno era el hijo favorito de su suegra.
   c. ¿ ?

4.

4. Son _____.
   a. Están ayudando a Ángela en esta época importante y difícil de su vida.
   b. No les importa la vida de Ángela en este momento.
   c. ¿ ?

5.

5. Es _____.
   a. Estudia comercio y trabaja en un banco en México.
   b. Estudia arqueología y trabaja en una excavación en México.
   c. ¿ ?

6.

6. Es _____.
   a. Este hombre le gusta mucho a Raquel... tanto que casi no piensa más en Arturo.
   b. Raquel le gusta mucho a él, pero él no le cae muy bien a ella.
   c. ¿ ?

AFTER VIEWING . . .

¿Tienes buena memoria?

Actividad.   ¿A quiénes conoció Raquel?
Complete the following paragraphs with the names of people Raquel met or heard about while in Puerto Rico.

Raquel conoció a _____[1] en el cementerio donde estaban enterrados Ángel y su esposa. Más tarde conoció a los cuñados de Ángel, incluyendo a la tía _____[2] Ésta no reaccionó bien al oír que su sobrina tenía otro abuelo en México.

Raquel fue con Ángela y su prima _____³ a San Germán a ver a su abuela, doña

_____.⁴ Al volver a San Juan, Ángela le presentó a Raquel a su novio, _____,⁵

quien acababa de regresar de Nueva York.

Cuando estaban por salir para el aeropuerto Ángela y Raquel, el tío _____⁶ vino

a darle a su sobrina unas malas noticias. Su hermano _____⁷ había tenido un acci-

dente en México.

Repaso de los episodios 19–24

Actividad A.   ¿En qué orden?

All of the following events took place in **Episodios 19–24**, but in what order did they
occur? Put them in order, from 1 to 13.

a. _____ En San Germán, doña Carmen le dio a Ángela una idea.
b. _____ Una vecina le dijo a Raquel: «Ángel Castillo murió hace poco.»
c. _____ Raquel y Ángela tenían que ir a San Germán.
d. _____ Doña Carmen también le dio a Ángela algo muy especial.
e. _____ Raquel conoció a los tíos de Ángela.
f. _____ Allí Ángela encontró unas hojas de su padre.
g. _____ Raquel trató de aconsejar a Ángela sobre sus relaciones con Jorge.
h. _____ Raquel tomaba una foto de la tumba de Ángel cuando Ángela apareció.
i. _____ Llegó el tío Jaime con unas malas noticias.
j. _____ Los tíos no sabían si Ángela debía hacer el viaje a México.
k. _____ ¿Por qué no revisaba lo que había entre las cosas de su padre?
l. _____ De regreso en San Juan, Raquel conoció al novio de Ángela.
m. _____ En San Juan, Raquel buscó una casa en la calle del Sol.

Actividad B.   ¿Y qué más?

The following sentences expand on the information given in the statements in **Actividad A**. Can you match these continuations with those statements? The first item is
done for you.

a. _____ Era la copa de bodas de su abuela Rosario.
b. _____ Hubo un accidente en la excavación donde trabajaba Roberto.
c. _____ Pero Ángela se enfadó.
d. _____ También dijo que estaba enterrado en el cementerio del Viejo San Juan.
e. _____ Las hojas tenían sus recuerdos de la Argentina y de su vida en Puerto Rico.
f. __1__ Creía que Ángel Castillo vivía allí.
g. _____ Salieron en el carro de Ángela, con Laura, su prima.
h. _____ Fue al cuarto con Raquel y las dos encontraron un baúl.
i. _____ Raquel le contó la historia de su abuelo.
j. _____ No le gustó mucho.
k. _____ Debía ir al cuarto de su padre.
l. _____ Les contó la historia de Ángel Castillo.
m. _____ Creían que Ángela debía consultar con la abuela.

Destinos
An Introduction to Spanish

Episodes 27–52

The story continues in a small town in the central meseta of Mexico, in Mexico City, and in the historic hacienda of La Gavia . . .

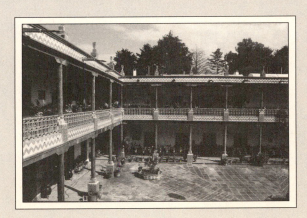

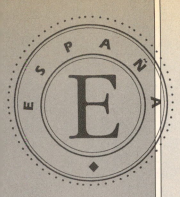

Un viaje a México: El pueblo, la capital

El Océano Atlántico

San Juan

Puerto Rico

El Mar Caribe

la Ciudad de México

27

El rescate

Preparación

Note: In this video episode you will watch a condensed version of Raquel's search for the truth about don Fernando's past. You will see highlights of the main events of **Episodios 1–26**, following Raquel's travels from Mexico to Spain, then on to Argentina, Puerto Rico, and back to Mexico (although not just yet to her exact point of departure!).

You may be surprised to realize how much more you can now understand from previous video episodes. What was challenging when you were watching **Episodio 5**, for example, may seem easier to you now. That is a measure of how much you have accomplished as you watched the first twenty-six video episodes and worked with the Handbook.

Actividad A.

Antes de mirar el **Episodio 27**, trata de recordar algo de lo que pasó en los episodios previos. ¿Puedes completar las respuestas a las siguientes preguntas?

Nombres: don Fernando Castillo Saavedra, Mercedes Castillo, Raquel Rodríguez, Rosario, Elena Ruiz, Teresa Suárez

Lugares: la Argentina, Córdoba, Costa Rica, Madrid, México, San Juan; el cementerio, la excavación, La Gavia, el puerto

Parientes: el hermano, el medio hermano, el hijo, la primera esposa

1. ¿Dónde comenzó esta historia? ¿Con qué comenzó? ¿Y con quiénes?

   La historia comenzó en una hacienda, _____, en México. Comenzó con una carta escrita por una mujer en España a _____, el dueño de la hacienda. Don Pedro Castillo, _____ de don Fernando, contrató a una abogada norteamericana, _____, para hacer la investigación.

2. ¿A quién buscaba Raquel? ¿Por qué?

   Al principio Raquel buscaba a la persona que escribió la carta, _____. La buscaba porque en la carta indicaba que sabía algo de Rosario, _____ de don Fernando.

3. ¿A qué países viajó? ¿Qué ciudades visitó?

   Raquel viajó a España, _____ y Puerto Rico. Visitó a Sevilla, _____, Buenos Aires, _____, Ponce y San Germán.

4. ¿Dónde conoció a Ángela Castillo?

   Raquel conoció a Ángela Castillo en _____ del Viejo San Juan, en Puerto Rico.

5. ¿Adónde viajaron Ángela y Raquel? ¿Dónde está ahora el hermano de Ángela? ¿Qué le pasó?

   Viajaron a _____. Roberto, el hermano de Ángela, está en _____, donde hubo un accidente.

6. ¿Quién es Arturo Iglesias? ¿Sabe algo de lo que le pasó al hermano de Ángela?

   Arturo es _____ de Ángel Castillo, el hijo de don Fernando y _____. No sabe nada de lo que le pasó a Roberto.

Para pensar...

1. ¿Qué crees que va a pasar con Roberto, el hermano de Ángela? ¿Lo van a sacar de la excavación vivo o muerto?
2. Al final del **Episodio 26**, Raquel quería llamar a Arturo, para decirle lo que pasaba con Roberto. ¿Crees que Raquel pudo comunicarse con Arturo? ¿Cómo va a reaccionar Arturo a las noticias de Roberto?

Actividad B.

Paso 1

Vas a leer una conversación entre Raquel y Ángela mientras manejan un carro alquilado hacia el sitio de la excavación. Después de escuchar, contesta la pregunta.

ÁNGELA: Roberto siempre quiso venir a México. Se pasaba los días y las noches estudiando las civilizaciones prehispánicas.

RAQUEL: Roberto y tú son muy unidos, ¿verdad? En Puerto Rico me decías siempre que tu hermano era un encanto.

ÁNGELA: La verdad es que… pues, desde que se vino para México, nos hemos alejado un poco.

RAQUEL: Comprendo… con la distancia.

ÁNGELA: No, no es por eso. Es que…. Bueno, yo nunca le he dicho esto a nadie, Raquel. Pues, la verdad es que siempre le he tenido un poco de envidia a Roberto.

¿De quién habla Ángela en esta conversación?
a. _____ de su novio, Jorge   c. _____ de su padre, Ángel
b. _____ de su hermano, Roberto

Paso 2

Ahora lee la conversación otra vez. Al leer, piensa en el verbo **alejarse**. **Nos hemos alejado** significa *we've grown apart*. Después de leer la conversación otra vez, contesta las siguientes preguntas.

1. ¿Qué materia siempre le gustó a Roberto?
   a. _____ las civilizaciones prehispánicas
   b. _____ la historia de México
   c. _____ la geografía mexicana

2. ¿Cómo son las relaciones entre Ángela y Roberto desde que él se va a vivir a México?
   a. _____ Se sienten más unidos.
   b. _____ Están un poco alejados.
   c. _____ Nada cambió entre ellos.

3. ¿Qué secreto le revela Ángela a Raquel?
   a. _____ Le dice que no quiere a Roberto.
   b. _____ Le dice que Roberto no es realmente su hermano.
   c. _____ Le dice que siempre le ha tenido envidia a Roberto.

Para pensar…

1. ¿Conoces a hermanos como Ángela y Roberto? ¿Son unidos o un poco alejados? ¿Tiene uno envidia al otro?
2. Imagina la conversación que va a tener Ángela con su hermano cuando lo vea. ¿Qué le va a decir?

AFTER VIEWING . . .

¿Tienes buena memoria?

Actividad.   El repaso de Raquel

Los siguientes párrafos son del repaso que hace Raquel al final del **Episodio 27**, pero faltan unas palabras. ¿Puedes completar el repaso?

buscar a Roberto
empezó a mirar la lista de nombres
era más inteligente y responsable que ella
está desesperada
estaba bloqueado y no podíamos pasar
le tenía un poco de envidia
no sabe nada del accidente
que era un error
se llevaban muy bien
un poco culpable

¡Qué día tuvimos hoy! Primero Ángela y yo llegamos a la Ciudad de México. Estábamos cansadas. Pero también estábamos muy preocupadas. Aunque estábamos cansadas, teníamos que venir a este pueblo. Teníamos que _____,¹ el hermano de Ángela.

Mientras manejábamos, hablamos de Roberto. Ángela me decía que ella y su hermano _____.² Pero también me confesó que _____ _____³ a Roberto. Ángela le tenía envidia a Roberto porque sentía que él _____.⁴ Pobre Ángela. Ahora se siente _____.⁵

Bueno, por fin llegamos al sitio de la excavación. ¿Y qué pasó? El camino _____ _____.⁶ Entonces, vinimos aquí, al hospital.

Le preguntamos a la recepcionista si estaba Roberto Castillo, y ella nos dijo que no. Entonces Ángela _____⁷ y ¿qué encontró? Encontró el nombre R. Castilla. Por un momento tuvimos esperanzas. Pensamos _____,⁸ que debía ser R. Castilla. Pronto supimos que no. R. Castilla era Rodrigo Castilla.

¡Qué lástima! La pobre Ángela _____.⁹ Y ahora estamos aquí. Quiero hablar con Arturo porque estará esperándonos en el hotel y _____ _____.¹⁰ Pero no he podido comunicarme con él.

Atrapados

BEFORE VIEWING . . .

Preparación

Actividad A.

Antes de mirar el **Episodio 28**, trata de recordar lo que pasó en los episodios previos.
Luego, indica si los siguientes acontecimientos ocurrieron (**Sí**) o no (**No**).

Sí   No   1. Raquel y Ángela llegaron al área de la excavación donde trabajaba Roberto.
Sí   No   2. Pudieron pasar en seguida al sitio del accidente.
Sí   No   3. Llevaron a Roberto de urgencia al hospital.
Sí   No   4. Arturo llegó a la casa de Pedro Castillo.

Sí   No   5. Raquel no lo estaba esperando.
Sí   No   6. Raquel quiso hablar con Arturo pero no pudo.

Actividad B.

En el **Episodio 28**, Raquel y Ángela pueden llegar a la excavación donde están atrapadas algunas personas. ¿Qué crees que pasará?

1.   Roberto
     a.   _____ morirá
     b.   _____ estará atrapado, vivo, en la excavación

2.   Arturo
     a.   _____ seguirá sin saber lo que está pasando en la excavación
     b.   _____ se enterará del accidente por la televisión y saldrá en seguida para el pueblo

Actividad C.

Paso 1

En este episodio y a lo largo del resto de la serie, vas a ver con frecuencia a los miembros de la familia Castillo Saavedra. Los conociste a todos en los primeros episodios, pero ¿recuerdas ahora quiénes son? Lee las siguientes descripciones de algunos de ellos e identifícalos.

a.   Mercedes
b.   Ramón
c.   Pedro
d.   Carlos
e.   Maricarmen
f.   Pati
g.   Carmen
h.   Juan
i.   Consuelo

1.   Es uno de los hijos de don Fernando. Ya no vive en La Gavia, ni en México. Vive en los Estados Unidos, en Miami, y trabaja en la compañía Castillo Saavedra. Su esposa se llama Gloria y ellos tienen dos hijos.

2.   Es el único hijo de don Fernando que vive en La Gavia. Esta persona llamó a sus hermanos al principio de la historia, cuando su papá quería hablar con toda la familia. Su esposa se llama Carmen y ellos tienen una hija, Maricarmen.

3.   Esta persona es la hija de don Fernando y la hermana de Ramón y Carlos. También vive en La Gavia. No parece tener esposo, pero realmente no se sabe mucho de su vida en este momento. Lo que sí es aparente es que sufre mucho por la enfermedad de su padre.

4.   Esta persona está casada con Juan, uno de los hijos de don Fernando. Ella y su esposo no viven en México. Los dos viven y trabajan en los Estados Unidos, en Nueva York. Todavía no tienen hijos.

5.   Es el hermano de don Fernando. Al principio de la historia, se puso en contacto con Raquel, para que ella hiciera la investigación. El trabajo de Raquel es muy importante para él.

Paso 2

Ahora completa el siguiente árbol de la familia, usando nombres del **Paso 1**.

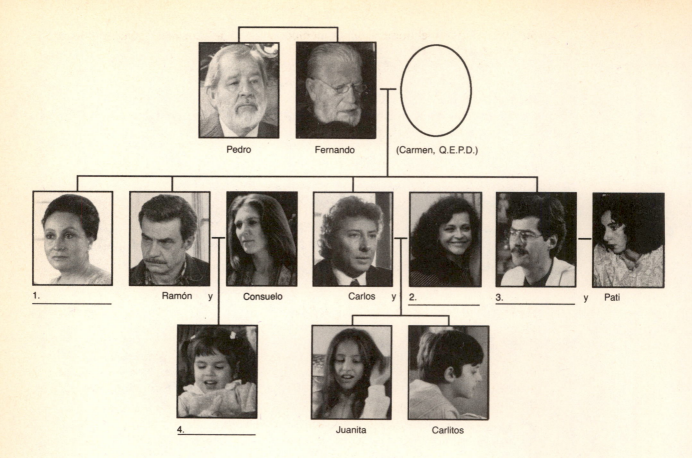

Pedro   Fernando   (Carmen, Q.E.P.D.)

1. _____   Ramón y Consuelo   Carlos y 2. _____   3. _____ y Pati

4. _____   Juanita   Carlitos

Actividad D.

Paso 1

Vas a leer una conversación entre el médico de don Fernando y sus hijos. Después de leer, contesta las preguntas del **Paso 2**.

DOCTOR: Su estado es muy delicado. Es necesario consultar a un especialista.

RAMÓN: ¿Y Ud. recomienda a alguien en particular?

DOCTOR: Conozco al mejor especialista en México, pero está de viaje. Está dando una serie de conferencias en Europa. No regresa hasta el fin de mes.

MERCEDES: ¿Y podemos esperar hasta entonces?

DOCTOR: No. Recomiendo que lo examine un especialista lo antes posible.

RAMÓN: ¿Y no hay otro, doctor? ¿Uno que sea de confianza?

DOCTOR: También conozco a otro muy bueno que radica en la ciudad de Guadalajara. Tiene una clínica muy bien equipada en la Universidad de Guadalajara.

MERCEDES: ¿En Guadalajara? ¿Y aceptará venir a México?

DOCTOR: Eso no lo sé.

Paso 2

1. Según lo que dice el médico, ¿cómo está don Fernando?
   a. _____ mucho mejor   c. _____ igual que antes
   b. _____ muy mal

2. El médico recomienda a dos especialistas. ¿Es posible consultar al primero en este momento?
   _____ Sí.   _____ No.

3. Ramón quiere el nombre de un médico «que sea de confianza». ¿Qué puede significar esta frase?
   a. _____ one who can respect the confidentiality of the case
   b. _____ one in whom the family can have confidence

AFTER VIEWING . . .

¿Tienes buena memoria?

Actividad A.   En la excavación
Identifica al personaje a quien se refiere.

a. Raquel Rodríguez   d. Roberto Castillo
b. Ángela Castillo   e. el Padre Rodrigo
c. Arturo Iglesias

1. _____ Le dio a Ángela noticias sobre su hermano.
2. _____ Se durmió sin ver las noticias de la televisión.
3. _____ Trató de llamar a Arturo, pero no pudo comunicarse con él.
4. _____ Todavía estaba vivo, aunque estaba atrapado en la excavación.
5. _____ Estaba angustiada, pero no podía hacer nada.
6. _____ Les recordó a todos que había que tener fe.
7. _____ Trató de apoyar a su amiga tanto como pudo.

Actividad B.   En la capital
Al mismo tiempo que Ángela y Raquel siguen con angustia los acontecimientos de la
excavación, los miembros de la familia Castillo tienen sus propios problemas. Completa
las siguientes oraciones sobre lo que pasa en la capital.

1. El médico les dice a los miembros de la familia que hay que consultar a un especialista... en dos o tres semanas / en seguida.
2. El especialista está en... la capital / Guadalajara.
3. Pedro y Mercedes están muy preocupados... por don Fernando / por don Fernando
   y por otros asuntos familiares.

Para pensar...

En este episodio, Pedro y Mercedes hablan brevemente de tres asuntos que les pre-
ocupan en este momento. ¿Cuál crees que va a ser el resultado de cada uno de ellos?

1. ¿Qué le va a pasar a don Fernando? ¿Va a morir pronto? ¿sin conocer a sus nietos?
2. ¿Qué va a pasar entre Juan y Pati? ¿Cuáles son las dificultades que experimentan
   en esta época? ¿Las van a poder superar?
3. Y lo de la oficina en Miami, ¿en qué consiste? ¿Por qué no les ha dicho nada
   Carlos a sus hermanos y a su tío? ¿Es sólo porque don Fernando está enfermo?

Más allá del episodio: Mercedes y Gloria

Mercedes y Gloria, dos mujeres de la misma generación pero muy diferentes

Mercedes y Gloria se conocen desde hace muchos años,[1] pero sus relaciones nunca han sido muy buenas. La verdad es que a Mercedes no le gusta mucho su cuñada, y eso desde el primer día que Carlos llevó a Gloria a La Gavia a conocer a su familia.

Mercedes siempre pensó que Gloria no estaba a la altura de[2] su hermano y que no sería[3] una buena esposa para él. No ha cambiado de parecer[4] con el paso de los años. Gloria, por su parte, al principio trató de no hacer caso de[5] esta actitud negativa de su cuñada. Hizo muchos esfuerzos para adaptarse a las costumbres de la familia Castillo. Pero, desgraciadamente, nunca pudo superar[6] la «barrera» que la separaba de ellos.

En la actualidad,[7] Mercedes le reprocha a Gloria sobre todo el no ocuparse bien de sus hijos. Según ella, cada vez que la familia se reúne, es siempre su hermano Carlos quien se ocupa de Carlitos y Juanita y Mercedes cree que eso no debe ser así. Además, Gloria pasa mucho tiempo fuera de casa, y Mercedes nunca pierde la ocasión de hacérselo notar[8] al resto de la familia. Las dos mujeres nunca se pelean abiertamente, pero hay siempre tensión entre ellas, una tensión que los otros miembros de la familia sienten…

Lo peor ocurrió cuando murió doña Carmen, la segunda esposa de don Fernando y, claro, la madre de Mercedes. Gloria no asistió al funeral. Y esto fue el colmo.[9] Carlos apareció solo, dándoles a todos una vaga excusa para justificar la ausencia de su esposa. Es cierto que la ausencia de Gloria les molestó a todos, ya que son una familia muy unida. Pero mientras los otros aceptaron la explicación de Carlos, Mercedes tomó la ausencia de Gloria como una ofensa personal… una ofensa que nunca le ha perdonado a su cuñada.

¿Por qué no asistió Gloria al funeral? ¿Dónde estaba y qué hacía?

[1]desde… *for a long time*   [2]a… *worthy of*   [3]no… *wouldn't be*   [4]No… *She hasn't changed her opinion*   [5]no… *ignore*
[6]*overcome*   [7]En… *At present*   [8]hacérselo… *call it to the attention*   [9]*last straw*

29

¡Se derrumbó!

Preparación

Actividad.

En el último episodio de *Destinos*, viste lo que pasó en la excavación y también conociste de nuevo a varios miembros de la familia Castillo. Completa las siguientes oraciones según lo que ocurrió en el episodio.

1. Después de completar el examen de don Fernando, el doctor que lo atendía le dijo a la familia que don Fernando
    a. _____ podía volver a La Gavia
    b. _____ tenía que quedarse en la clínica una semana más
    c. _____ necesitaba ver a un especialista

2. En la familia Castillo
   a. _____ nadie sabía del accidente que ocurrió en la excavación donde trabajaba Roberto
   b. _____ todos sabían lo del accidente en la excavación
   c. _____ sólo Pedro sabía lo del accidente

3. Roberto
   a. _____ logró escapar del derrumbe
   b. _____ murió en el derrumbe
   c. _____ es una de las personas atrapadas en el derrumbe

4. Arturo
   a. _____ leyó la noticia del derrumbe en un periódico
   b. _____ vio la noticia del derrumbe en la televisión
   c. _____ se quedó dormido frente al televisor y no vio la noticia del derrumbe

AFTER VIEWING . . .

¿**T**ienes buena memoria?

Actividad A.   En la excavación
Después de tomar un calmante, Ángela por fin se pudo dormir y Raquel también se durmió. Al despertarse, Raquel resume los acontecimientos más importantes que ocurrieron en la excavación. ¿Puedes completar el resumen?

1. teníamos pocas esperanzas
   teníamos muchas esperanzas
2. a un hombre y a una mujer
   a un profesor de Roberto
3. pero no fueron muchos los daños
   y se derrumbó todo otra vez

4. comenzó a salir
   comenzó a llorar
5. acostumbrarme al tiempo que hace aquí en la meseta
   comunicarme con la familia de don Fernando
6. Arturo
   Roberto

Pues, el calmante ha hecho su efecto. Ángela está dormida. Pobre. Debe estar cansadísima... y con mucha razón. Han pasado tantas cosas. Cuando volvimos al sitio de la excavación, _____.¹ Creíamos que sacaban a Roberto del túnel. ¿Y qué pasó? ¿Sacaron a Roberto? No sacaron a Roberto. Sacaron _____.²

Poco después, ocurrió algo inesperado. Ninguno de nosotros pensamos que eso ocurriría. ¿Recuerdan qué pasó? Bueno, hubo un segundo derrumbe _____.³

Pues, esto fue demasiado para Ángela y _____.⁴ Y tuvimos que traerla aquí. El doctor le dio un calmante. Poco después, entró el Padre Rodrigo con noticias.

Y aquí estamos. Ángela está dormida. Yo también tengo ganas de dormir, pero estoy muy preocupada. No he podido _____.[5] ¿Sabrán ellos que estamos aquí? ¿Y cómo estará don Fernando?

Hmmm. Bueno, ya no puedo hacer nada más que esperar. Estoy muy cansada. ¡Ay! ¡Me olvidé de _____![6] Debe estar preocupadísimo.

Actividad B.   En la capital

Mientras Ángela y Raquel esperan noticias de Roberto, en casa de Pedro la vida sigue igual, con unos pequeños problemas. Las siguientes oraciones describen algunas de las cosas que pasan, pero hay un error en cada oración. Corrige las oraciones, cambiando solamente una palabra en cada una. Luego inventa una oración más sobre cada escena.

Por la noche

1. Juanita no se siente bien
2. Carlos y Gloria le toman la temperatura
3. también le dan una inyección
4. ¿____?

Al día siguiente

5. toda la familia se reúne para cenar
6. Carlitos no está enfermo
7. Carlos le dice que el doctor le va a poner una inyección
8. Mercedes se pregunta por qué Arturo no ha llegado todavía
9. Pedro le dice a la familia que anoche llamó Raquel
10. ¿____?

¡Un desafío! Durante el desayuno, se menciona que una persona llegó tarde a casa anoche. ¿Recuerdas quién era?

Para pensar...

1. ¿Crees que Ángela es una persona fuerte? En tu opinión, ¿quién es más fuerte, Ángela o Raquel?
2. ¿Crees que es bueno ocultarle a don Fernando lo del accidente de Roberto? ¿O deben decirle los hijos lo que está pasando?

30

Preocupaciones

Preparación

Actividad A.

A continuación tienes el texto del resumen del narrador que, como siempre, vas a leer al principio de este episodio, pero hay algunos detalles incorrectos. Indica la información equivocada. (Hay uno o dos detalles incorrectos en cada párrafo.)

En el episodio previo, cuando Raquel y Ángela llegaron al sitio de la excavación, ya sacaban a dos personas. Pero ninguna de las dos era el hermano de Ángela. Justo en ese momento, hubo otro derrumbe en la excavación. Roberto Castillo quedó atrapado de nuevo y murió. Ángela estaba desesperada.

Al día siguiente, en la Ciudad de México, la familia Castillo desayunaba y hablaba del derrumbe en la excavación. Mientras la familia desayunaba, Gloria hablaba con su hijo, quien estaba enfermo la noche anterior.

Muy contento porque ya sabía algo de Raquel, Arturo bajó a la recepción del hotel y preguntó por ella. Solo y sin amigos en esta ciudad grande, Arturo salió a la calle.

Para pensar...

Imagina que eres Arturo y que te encuentras en la situación que se describe al final del episodio previo. ¿En qué estás pensando? ¿Cuáles son tus preocupaciones? ¿Qué necesitas? ¿Qué vas a hacer para tratar de resolver algunas de tus preocupaciones?

Actividad B.

Paso 1

En este episodio, vas a ver otra vez a un personaje que apareció mucho antes, en uno de los primeros episodios de *Destinos*. Es Ofelia, la secretaria de Carlos en Miami.

Como muchas personas que viven en la Florida, Ofelia es cubana. Su dialecto del español y acento son diferentes de los de los otros personajes de la serie. Lee parte de una conversación telefónica entre Carlos y Ofelia. Luego contesta la pregunta.

¿De qué le habla Ofelia a Carlos?

a. _____ De su familia.
b. _____ De un nuevo restaurante.
c. _____ De un nuevo cliente.

OFELIA: Industrias Castillo Saavedra.
CARLOS: Hola, Ofelia. Sí, aquí Carlos.
OFELIA: Ay, ¿qué tal, Sr. Castillo? ¿Cómo está? Lo echamos mucho de menos por aquí…
CARLOS: ¿Y cómo están los demás?
OFELIA: Todo bien por aquí, todos bien. Mire, por cierto, hoy fuimos a comer a un restaurantito que está por aquí cerca. Es nuevo.
CARLOS: ¿Ah sí? ¿cubano?
OFELIA: Cuando venga, tiene que ir para allá. Fuimos con una amiga a almorzar.

Paso 2

En este episodio, el Padre Rodrigo sigue muy preocupado por el bienestar de Ángela y Raquel. Les hace una sugerencia sobre algo que cree que ellas deben hacer. Lee su conversación con ellas. Luego completa la oración:

El Padre Rodrigo les

a. _____ recomienda a las dos mujeres que vayan a un hotel en el pueblo
b. _____ recomienda que se queden con una persona religiosa

ÁNGELA: ¿Podemos ir a la excavación?
RODRIGO: Mira, no vale la pena. ¿Por qué no se quedan aquí en el pueblo? Necesitan descansar.
RAQUEL: Tiene razón. ¿Hay un hotel?
RODRIGO: No. Pero se pueden quedar con la hermana María Teresa. Ella es muy buena y les puede dar dónde bañarse y descansar.

Como en inglés, la palabra **hermana** se refiere no solamente a un miembro de la familia sino también a las mujeres que dedican su vida al servicio de Dios en una comunidad religiosa.

AFTER VIEWING . . .

¿**T**ienes buena memoria?

Actividad A.   ¿Quiénes son?

Contesta las siguientes preguntas sobre una mujer que aparece en este episodio.

1. Esta mujer se llama
   a. _____ Pati   b. _____ Gloria   c. _____ Ofelia

2. Vive en… donde trabaja en la Compañía Industrias Castillo Saavedra, como secretaria de Carlos.
   a. _____ Los Ángeles   c. _____ Nueva York
   b. _____ Miami

3. Después de hablar con ella, Carlos
   a. _____ está preocupado   c. _____ empieza a llorar
   b. _____ está muy contento

Para pensar…

Sí, Carlos está muy preocupado después de hablar con Ofelia. ¿Crees que eran buenas o malas las noticias que Ofelia le dio?

Actividad B.   En la excavación y en la capital

Los siguientes párrafos son un resumen de lo que pasó en este episodio. Complétalos con la forma correcta de las palabras y frases de las siguientes listas.

Lugares: la capital, la escuela del pueblo, el hotel, la iglesia del pueblo, Nueva York, Puerto Rico, el sitio de la excavación, la tienda del pueblo

Frases: le dejó un mensaje/una carta, descansar y almorzar, descansar y bañarse, durmió muy bien/muy mal, estaba ocupada la línea, no consiguió línea, hablando con alguien en la capital/Nueva York, llamar, tener noticias de Roberto/Arturo, tenía suficiente aire/comida

Ángela y Raquel pasaron la noche en la excavación. Ángela _____[1] porque el doctor le dio un calmante. Tan pronto como se despertó, Ángela quería _____.[2] Desgraciadamente, no había noticias. Ángela seguía muy preocupada, sobre todo porque pensaba que tal vez Roberto no _____.[3]

En una pequeña _____,[4] Raquel seguía tratando de comunicarse por teléfono con varias personas en la Capital. No pudo hablar con Pedro, porque _____.[5] (Raquel no lo sabía, pero en esa ocasión Pati estaba _____.[6]) Pero Raquel sí pudo hablar con _____[7] en México. Arturo no estaba en su habitación, pero Raquel _____.[8]

(Cuando leyó el mensaje, Arturo estaba muy preocupado.) Por su parte, Ángela pudo hablar con sus tíos en _____.[9]

Después de hacer estas llamadas telefónicas, Raquel y Ángela fueron a _____,[10] donde las esperaba la hermana María Teresa. Allí, pudieron _____.[11]

31

Medidas drásticas

reparación

Actividad A.

¿Recuerdas lo que hicieron estas personas en el **Episodio 30**? Haz oraciones completas tomando una frase de cada columna.

1. _____ Raquel
2. _____ Raquel y Ángela
3. _____ la Hermana María Teresa
4. _____ Pati
5. _____ Carlos

a. se enteró de que había problemas en el teatro en Nueva York
b. les dio a Ángela y Raquel dónde descansar y bañarse
c. le dejó un mensaje a Arturo
d. supo lo que pasa en la oficina en Miami
e. fueron a una iglesia
f. trató de comunicarse con Pedro y Arturo

Para pensar...

1. ¿Qué hará Pati ahora que sabe que hay problemas con la producción de la obra? ¿Se quedará con la familia o volverá a Nueva York?
2. En los episodios previos, se ha sugerido que la familia Castillo tiene problemas. En tu opinión, ¿cuáles son esos problemas?
3. ¿Por qué se puso preocupado Carlos cuando habló con Ofelia, su secretaria?

Actividad B.

Paso 1

Lee parte de una conversación entre Juan y Pati. Es una discusión sobre algo. Después de leer, contesta la pregunta.

PATI: Ay, Juan, ¿cuántas veces tengo que decírtelo? Yo tengo una vida profesional, con compromisos.... Hay cosas que requieren mi atención.

JUAN: Sí, sí. Ya me lo has dicho mil veces.

PATI: Sí, sí, pero parece que no lo comprendes.

JUAN: Lo que no comprendo es que tu vida profesional sea más importante que yo....

PATI: Mira, Juan. Voy a tratar de explicártelo una vez más. No es que mi vida profesional sea más importante que tú... pero la obra me necesita a mí en este momento. Yo soy la autora, soy la directora. Hay problemas y sólo puedo resolverlos yo.

JUAN: ¿Pero por qué tienes que ir a Nueva York? ¿No lo puedes hacer desde aquí, por teléfono?

PATI: ¡Juan! ¡Estamos hablando de una obra de teatro! Lo que tú dices es como... como... pedirle a un doctor que cure a un enfermo por teléfono.

¿Cuál es el tema de la discusión entre Juan y Pati?

a. _____ el estado grave de la salud de don Fernando
b. _____ los problemas que tiene Pati en el teatro
c. _____ el hecho de que Pati cree que Juan no comprende su situación como mujer profesional

Paso 2

Ahora lee toda la conversación de nuevo. Luego contesta las preguntas.

1. ¿Qué quiere Juan que haga Pati?
   a. _____ Que vaya a Nueva York.   b. _____ Que se quede con él.

2. ¿Qué parece que va a hacer Pati?
   a. _____ Se va a quedar con Juan.   b. _____ Va a regresar a Nueva York.

AFTER VIEWING . . .

¿ T ienes buena memoria?

Actividad A. En la excavación

¿Son ciertas (**C**) o falsas (**F**) las siguientes declaraciones sobre lo que pasó en la excavación en este episodio?

C   F   1. Raquel y Ángela no saben nada de Roberto todavía.
C   F   2. Ángela no se siente mejor después de descansar en la iglesia.
C   F   3. La actitud de Ángela es pesimista en cuanto al rescate de Roberto.

Para pensar...

Al final del episodio algo tuvo lugar en los Estados Unidos. ¿Recuerdas lo que pasó? Una persona llamó a los padres de Raquel. ¿Recuerdas quién era esa persona? La madre de Raquel dijo que era «el novio de mi hija».

1. ¿Ha hablado Raquel alguna vez de un novio, del pasado o del presente?
2. ¿Qué efecto es posible que esta persona tenga en las relaciones que están formando entre Raquel y Arturo?

Actividad B.   En la capital

Contesta las siguientes preguntas sobre lo que está pasando en la familia Castillo en la Ciudad de México.

1. ¿Sabe Pedro lo del accidente?
2. ¿Quiénes se pelearon?
3. ¿Quiénes hablaron con unos auditores?
4. ¿Eran mínimas o drásticas las recomendaciones de los auditores?

32

Ha habido un accidente

Preparación

Actividad A.

Contesta las siguientes preguntas sobre lo que pasó en el episodio previo.

1. ¿Por qué se pelearon Pati y Juan?
    a. _____ Porque ella tiene que volver a Nueva York por su trabajo.
    b. _____ Porque él quiere regresar a Nueva York con ella.

2. ¿Qué descubrieron Pedro y Ramón?
    a. _____ Que la familia tiene graves problemas económicos.
    b. _____ Que el gobierno mexicano investiga las finanzas de la familia.

3. ¿Se enteraron de algo Ángela y Raquel?
    a. _____ Sí. Encontraron a Roberto, muerto.
    b. _____ No. En la excavación no hubo noticias.

Actividad B.

En el episodio previo apareció un nuevo personaje. ¿Recuerdas algo de él? Contesta estas preguntas.

1. ¿Cómo se llama este señor?
2. ¿Dónde vive ahora?
3. ¿Qué clase de relaciones había entre él y Raquel?

Para pensar...

Ya sabes que Luis es el antiguo novio de Raquel. También sabes que ha vuelto a Los Ángeles. ¿Crees que todavía siente algo por Raquel? Y Raquel, ¿siente ella algo por él?

AFTER VIEWING . . .

¿Tienes buena memoria?

Actividad A. ¿Qué pasó?

Indica si las oraciones describen o no lo que pasó en cada sitio. ¿Puedes hacer un comentario sobre cada oración incorrecta?

En el sitio de la excavación...

Sí   No   1. Ángela y Raquel seguían esperando.
Sí   No   2. No hubo mucha actividad.
Sí   No   3. Por fin pudieron rescatar a Roberto.
Sí   No   4. Hubo otro derrumbe.
Sí   No   5. Roberto murió en el derrumbe.

En la capital...

Sí   No   6. Por fin los hermanos supieron lo del accidente.
Sí   No   7. Don Fernando se enteró del accidente también.
Sí   No   8. Ramón y Consuelo también tienen problemas.
Sí   No   9. Arturo le contó a Pedro todo lo que sabía.

En Los Ángeles...

Sí   No   10. Luis visitó a los padres de Raquel.
Sí   No   11. Luis les dijo que ellos debían ir a ver a Raquel a México.
Sí   No   12. El padre de Raquel no estaba muy convencido en cuanto al viaje.

Para pensar...

María, la madre de Raquel, le ha sugerido a Luis que vaya a México. Así podrá ver a Raquel otra vez. ¿Crees que es buena idea que Luis vaya a México? ¿Qué revelan las acciones de María acerca de su personalidad?

Actividad B. ¿Quién sabe qué?

¿Tienes una idea muy clara de lo que sabe la mayoría de los personajes? Indica el verbo correcto para cada frase. ¡OJO! Hay información de algunos episodios previos.

1. Raquel... sabe/no sabe
   a. que Arturo llegó a México
   b. nada sobre el estado de don Fernando
   c. que sus padres hablaron con su antiguo novio

2. Arturo... sabe/no sabe
   a. lo del accidente en la excavación
   b. nada de Raquel
   c. que Raquel tuvo un novio en otra época

3. Don Fernando... sabe/no sabe
   a. que tiene dos nietos puertorriqueños
   b. lo del accidente en la excavación
   c. que hay problemas financieros en la Compañía Industrias Castillo Saavedra

4. La madre de Raquel... sabe/no sabe
   a. lo del accidente en la excavación
   b. mucho de las relaciones entre Arturo y Raquel
   c. la historia de los nietos puertorriqueños de don Fernando

---

Más allá del episodio: Roberto Castillo Soto

Roberto Castillo, uno de los nietos que don Fernando espera conocer pronto

No es raro que en una misma familia dos hermanos, hijos de los mismos padres, sean muy distintos, que tengan personalidades, gustos e intereses diferentes. Esto es lo que pasa con Ángela y Roberto. Aunque son hermanos, no se parecen[1] mucho. Efectivamente, son muy distintos en muchas cosas.

Roberto se parece mucho a su padre, Ángel Castillo. Ya de pequeño era muy independiente y un poco soñador.[2] Le gustaba jugar solo y pasaba horas y horas leyendo. Cuando cumplió diez años, doña Carmen, su abuela, le regaló un libro sobre la civilización maya. Era un libro muy bonito con muchos mapas y unas fotos impresionantes. Roberto lo leyó en seguida. Luego pasaba mucho tiempo mirando las hermosas fotos. Así nació su interés en las civilizaciones indígenas.

Al matricularse[3] en la universidad, Roberto ya había decidido especializarse en arqueología. Quería llegar a ser arqueólogo. Sin embargo, al mismo tiempo que tenía esa meta,[4] Roberto tenía ganas de conocer el mundo. Aunque le gustaba mucho su isla natal, el ambiente de Puerto Rico empezaba a parecerle muy limitado... estrecho. Él quería descubrir nuevos horizontes. Cuando le hablaba a Ángel de eso, su padre siempre le decía que era mejor que terminara sus estudios

---

[1]se... *resemble each other* [2]un... *a bit of a dreamer* [3]*registering* [4]*goal*

universitarios antes que nada. Pero en el fondo Ángel estaba orgulloso[5] de ver que su hijo se parecía tanto a él.

La muerte inesperada de Ángel fue un golpe muy duro[6] para Ángela y Roberto. Dio la casualidad que, pocos días después de esa tragedia familiar, Roberto recibió una llamada de uno de sus profesores. Éste buscaba a estudiantes de arqueología para trabajar en una excavación en México. Al principio Roberto no creyó apropiado alejarse[7] de la familia, dadas las circunstancias. Pero el profesor insistió. Roberto era uno de sus mejores estudiantes y, claro, oportunidades como ésta no eran frecuentes. Le dijo al joven que tenía sólo dos semanas para decidirse. Esa misma noche Roberto tomó su decisión.

Lo más difícil fue comunicárselo a la familia, y sobre todo a su hermana. Ángela lo tomó muy mal. Para ella fue como si Roberto la hubiera abandonado.[8] Se sintió desamparada,[9] con todos los asuntos familiares en las manos.

Es obvio que Roberto sintió la necesidad de alejarse de Puerto Rico muy pronto después de la muerte de su padre. ¿Qué esperaba encontrar en México?

[5]*proud*   [6]un... *a very hard blow*   [7]*to go away*   [8]como... *as if Roberto had abandoned her*   [9]*defenseless*

Si supieras...

Preparación

Actividad A.

¿Recuerdas los acontecimientos más importantes del episodio previo? Completa las oraciones con la información correcta.

1. En el sitio de la excavación, Raquel y Ángela
   a. _____ decidieron regresar al pueblo
   b. _____ seguían esperando el rescate de Roberto

2. En la capital, Arturo por fin conoció a
   a. _____ Ramón   b. _____ Pedro   c. _____ Carlos

3. Arturo le contó algunos detalles de la búsqueda de
   a. _____ Roberto   b. _____ Ángel   c. _____ Rosario

4. En Los Ángeles, los padres de Raquel recibieron la visita de
   a. _____ un antiguo profesor de Raquel
   b. _____ un antiguo novio de Raquel
   c. _____ un colega de Raquel

5. La madre de Raquel le sugirió a Luis, el antiguo novio de su hija, que sería buena idea
   a. _____ esperar en Los Ángeles para ver a Raquel
   b. _____ ir a México para verla
   c. _____ volver a Nueva York sin verla

Para pensar...

1. Como sabes, Raquel no sabe nada de lo que está pasando en Los Ángeles. ¿Crees que Luis irá a México para verla? ¿Qué pasará cuando Raquel lo vea después de tantos años? ¿Qué pasará si Luis y Arturo se conocen?
2. Al comienzo de este episodio, todavía no han rescatado a Roberto. En tu opinión, ¿en qué condiciones está él, después del segundo derrumbe?

Actividad B.

Paso 1

Lee parte de una conversación entre Juan y Pati. Otra vez, discuten sobre algo. Luego, contesta la pregunta.

JUAN: Pati, ya te lo dije. ¡No puedes irte justo ahora!

PATI: ¡No me grites así, Juan! Ya traté de explicarte los problemas de la producción en Nueva York. No entiendo por qué actúas como un niño mimado.

JUAN: ¿Cómo puedes hacerme esto?

PATI: ¿Ves? Todo te lo hacen a ti. Tus problemas son los más graves. A veces dudo que a ti te importen los demás.

JUAN: Me importa mi papá.

PATI: ¿Sí? Entonces, ¿por qué no estás más tiempo con él en el hospital? Te lo pasas aquí peleándote conmigo cuando él te necesita.

¿Cuál es el tema principal de la discusión entre Juan y Pati?

a. _____ el estado grave de la salud de don Fernando
b. _____ el hecho de que Pati cree que Juan es muy egoísta
c. _____ los problemas que tiene Pati en el teatro

Paso 2

Ahora lee toda la conversación de nuevo. Luego indica si las siguientes oraciones son ciertas (**C**) o falsas (**F**).

C   F   1. Juan todavía no quiere que Pati se vaya a Nueva York.
C   F   2. Pati se niega a explicarle a Juan los detalles de los problemas que tiene con la producción de la obra.
C   F   3. Pati insinúa que Juan debe pasar más tiempo en el hospital con su padre.

En esta conversación, Pati acusa a Juan de ser un «niño mimado», porque sólo piensa en sí mismo.

4. ¿Qué significa **mimado**?
   a. _____ memorable   b. _____ copy-cat   c. _____ spoiled

Para pensar...

Ya sabes que en este episodio Juan y Pati tendrán una gran discusión. ¿Cuál será el resultado de esa discusión? ¿Se irá Pati o se quedará? En tu opinión, ¿quién tiene razón, Juan o Pati? ¿A quién crees que va a apoyar la familia de Juan en esta discusión?

AFTER VIEWING . . .

¿Tienes buena memoria?

Actividad A.   En la excavación

Por fin hay buenas noticias en el sitio de la excavación. Completa las siguientes oraciones con la información correcta.

1. Al principio, Ángela y Raquel... podían ver lo que pasaba muy bien / no sabían nada y tampoco podían ver bien lo que pasaba.
2. Mientras esperaban, las dos mujeres empezaron a hablar de... las profesiones / la civilización maya.
3. Ángela dijo que pensaba que Roberto tenía una profesión... fascinante/peligrosa.
4. Raquel dijo que, de niña, pensaba en ser... abogada y médica / veterinaria y profesora.
5. Ángela pensaba en ser... profesora y actriz / abogada y dentista.

Actividad B.   ¿Y Roberto?

¿Qué le pasó en este episodio? ¿Qué es lo que ahora se sabe de su condición? Contesta las siguientes preguntas.

1. ¿Pueden por fin rescatar a Roberto?
2. ¿Está consciente o inconsciente?
3. ¿Parece estar bien o está muy lastimado?
4. ¿Lo van a tratar en el sitio de la excavación? ¿O piensan llevarlo a otro sitio?

Actividad C.   En la capital

Completa el siguiente resumen de lo que pasaba en la Ciudad de México con los nombres de los personajes apropiados: Arturo, Pedro, Juan, Pati.

Mientras Raquel y Ángela esperaban en el sitio de la excavación, _____¹ hablaba con Pedro sobre el accidente y otras preocupaciones. Al mismo tiempo, en la casa de Ramón, _____² y _____³ seguían con su conflicto. _____⁴ quería regresar a Nueva York, pero para _____⁵ la familia es más importante que la profesión.

Éxito

Preparación

Actividad A.
Completa las siguientes oraciones con las frases apropiadas.

1. Después de mucho trabajo en el sitio de la excavación,
   a. _____ no pudieron rescatar a Roberto
   b. _____ finalmente rescataron a Roberto

2. En casa de Pedro, Juan y Pati
   a. _____ seguían discutiendo   b. _____ se reconciliaron

3. Juan quiere que Pati
   a. _____ regrese a Nueva York   b. _____ se quede en México con él

4.   Pedro y Arturo decidieron tratar de averiguar
      a.   _____ lo que pasó en el sitio de la excavación
      b.   _____ dónde estaban Raquel y Ángela

Actividad B.

Paso 1

Lee parte de una conversación entre Juan y Ramón. Después de leer, contesta la
pregunta.

JUAN: Presiento que es el fin, que todo ha terminado. No nos entendemos. Nuestro
          matrimonio es un fracaso. Yo la quiero mucho, Ramón, pero así no podemos
          seguir.
RAMÓN: Juan, estás exagerando, ¿no crees? Lo único que ocurre es que Pati quiere
          atender su trabajo.
JUAN: Precisamente por eso. Creo que a Pati le importa más su trabajo que yo.
RAMÓN: Juan, quisiera decirte algo...
JUAN: ¿Qué es?
RAMÓN: ¿Acaso no es posible que...
JUAN: Dilo, Ramón, ¿que qué? Somos hermanos.
RAMÓN: Bueno, yo en tu lugar me sentiría celoso.
JUAN: ¿Celoso? ¿De quién?
RAMÓN: No es de quién... sino de qué. Mejor debo decir tendría envidia.
JUAN: Yo sé que Pati es muy inteligente... que tiene mucho talento. Es escritora, pro-
          ductora y directora y también profesora de teatro. Ramón, ¿crees que tengo
          envidia del éxito de mi esposa?

¿Cuál es el tema principal de la conversación entre Juan y Ramón?

a.   _____ las relaciones que existen entre los hermanos Juan y Ramón, hijos de don
             Fernando
b.   _____ las relaciones que hay entre Juan y Pati
c.   _____ los problemas que tiene Pati en el teatro

Paso 2

Ahora lee la conversación de nuevo. Recuerda el significado de la palabra **éxito**, el
título de este episodio, y ten en cuenta que **celoso** significa *jealous*. Luego contesta las
preguntas.

Ahora indica si las siguientes oraciones son ciertas (**C**) o falsas (**F**), según la
conversación.

C   F   1. Ramón está de acuerdo con Juan.
C   F   2. Ramón insinúa que Juan tiene envidia del éxito de Pati.
C   F   3. Juan no lo quiere escuchar. Se niega a pensar en lo que le dice Ramón.
C   F   4. Juan se pone a pensar en lo que insinúa Ramón.
C   F   5. Juan dice que su matrimonio es «un fracaso». ¿Qué significa **fracaso**?
            a. fricasse   b. fragile   c. failure

Para pensar...

Como sabes, la palabra **envidia** quiere decir *envy*. ¿Crees tú que Juan le tiene envidia a Pati? ¿Es egocéntrico Juan? ¿O es Pati la egocéntrica? ¿Son las relaciones entre
Juan y Pati similares a las de alguna pareja que tú conoces?

AFTER VIEWING . . .

¿Tienes buena memoria?

Actividad A.   En la capital

Indica si los siguientes incidentes ocurrieron (**Sí**) o no (**No**) en el **Episodio 34**.

Sí   No   1. Después de su pelea con Juan, Pati salió corriendo al jardín.
Sí   No   2. El consejo de Mercedes es que Pati debe quedarse en México con Juan.
Sí   No   3. Mercedes recordó con afecto el día de la boda de Pati y Juan.
Sí   No   4. Ramón le habló a Juan de una forma brutal sobre los problemas de su matrimonio.
Sí   No   5. Ramón le dice a Juan que es posible que él, Juan, tenga envidia de Pati.
Sí   No   6. Juan también le habló a Pedro, su tío, sobre los problemas que tiene en su matrimonio.

Actividad B.   Camino al Distrito Federal

Paso 1

Otra vez Raquel y Ángela se encontraron viajando juntas en un carro. Como ocurrió antes, pasaron el tiempo hablando de sus relaciones con varias personas. Indica todas las relaciones que mencionaron.

Las relaciones entre...

1. _____ Raquel y sus padres
2. _____ Raquel y su antiguo novio
3. _____ Raquel y Arturo
4. _____ Raquel y Jorge (el novio de Ángela)

5. _____ Ángela y Roberto
6. _____ Ángela y Jorge
7. _____ Ángela y sus tíos

Paso 2

Ahora describe lo que recuerdas de estas relaciones, haciendo oraciones con una palabra o frase de cada columna. Añade todos los detalles que puedas.

Ángela		admira a	Arturo
Raquel		es amigo/a de	Roberto
Jorge	(no)	es novio/a de	Jorge
Arturo		era novio/a de	Raquel
		quiere a	Ángela
		quiere casarse con	Luis
		recuerda a _____ con cariño	
		se separó de	
		trató de ligar con	

Para pensar...

Al final del episodio, un camión se acercaba rápidamente al coche que manejaba Raquel. ¿Qué crees que va a pasar? ¿Va a haber otro accidente, un choque?

35

Reunidos

BEFORE VIEWING . . .

Preparación

Actividad A.
Completa las siguientes oraciones con la información apropiada.

1. Llevaron a Roberto... a un hospital en la capital / a una clínica en los Estados Unidos.
2. Raquel y Ángela salieron... con Roberto / en su propio carro.
3. Mientras manejaba Raquel, las dos mujeres hablaban... de sus novios / de problemas familiares.
4. En la capital, Juan y Pati... pudieron resolver sus dificultades / siguieron discutiendo sin resolver nada.
5. Arturo trataba de averiguar algo sobre... el paradero de Raquel / el accidente.

Actividad B.

Paso 1

En este episodio, Carlos llama de nuevo a Miami. Al hablar con Ofelia, recibe noticias de cómo van las cosas en la oficina. Lee la conversación entre Carlos y Ofelia y luego contesta la pregunta.

CARLOS: ¿Ofelia? Habla Carlos. Mira, ¿no sabes algo más?

OFELIA: Sí, el gerente del banco que ha estado llamando muchas veces. Quiere hablar con Ud.

CARLOS: ¿No ha dicho para qué?

OFELIA: No, pero que quiere hablar con Ud. Yo le dije que andaba de viaje para México.

CARLOS: ¿Qué más?

OFELIA: Tengo una copia de los reportes de los auditores. No son muy buenos...

CARLOS: ¿Qué dicen?

OFELIA: Dicen que el balance general arroja fuertes pérdidas, que ponen en peligro las otras inversiones de la familia. Y pues... recomiendan cerrar la oficina.

¿Cuál es el tema principal de la conversación entre Carlos y Ofelia?

a. _____ algunos problemas que hay con el personal de la oficina

b. _____ unos reportes que Carlos tiene que escribir

c. _____ los reportes de los auditores y sus recomendaciones

Paso 2

Ahora lee la conversación de nuevo. La palabra **gerente** es sinónimo de **jefe**. Trata de no fijarte en las palabras que no entiendes. Luego contesta las preguntas.

1. Según los auditores, ¿están en buenas o malas condiciones las finanzas de la oficina de Miami?
2. La palabra **pérdidas** se relaciona con el verbo **perder**. ¿Qué significa?
   a. _____ profits   b. _____ losses

Para pensar...

Al saber las noticias que le da Ofelia, Carlos está muy agitado. ¿Por qué? ¿Qué secreto está ocultando? ¿Debe contárselo a la familia? Imagina que tú eres Carlos. ¿Qué vas a hacer?

AFTER VIEWING . . .

¿ **T** ienes buena memoria?

Actividad A.   En la capital

Ahora todos están por fin en la Ciudad de México. ¿Cuánto recuerdas de lo que pasó en el episodio? Contesta las siguientes preguntas. ¡OJO! A veces hay que elegir dos frases.

1. ¿Que pasó mientras manejaba Raquel?
   a. _____ De repente apareció un perro en el camino...
   b. _____ De repente apareció un camión en el camino...

   c. _____ ...y tuvieron un accidente.
   d. _____ ...pero no tuvieron un accidente.

2. Cuando Ángela y Raquel llegaron al hospital, ¿quiénes estaban allí para ver a Roberto?
   a. _____ Pedro y Mercedes   c. _____ Arturo y Pedro
   b. _____ Ramón y Carlos

3. Ángela no los vio. Entró directamente al cuarto de Roberto. ¿Cómo estaba Roberto cuando entró?
   a. _____ Estaba dormido...
   b. _____ Estaba despierto...

   c. _____ ...y la saludó con cariño.
   d. _____ ...y no le habló.

4. ¿Qué hizo Arturo cuando vio a Raquel?
   a. _____ Gritó su nombre y le dio la mano.
   b. _____ Gritó su nombre y la besó.

5. ¿Cuál fue la reacción de Raquel?
   a. _____ Estaba un poco avergonzada...
   b. _____ Estaba enojada con Arturo...

   c. _____ ...y se peleó con él.
   d. _____ ...pero no le dijo nada.

Actividad B.   Idas y venidas

Describe los incidentes más importantes que ocurren en este episodio, haciendo oraciones con una palabra o frase de cada columna. Añade todos los detalles que puedas.

Pedro	se despidió de	Puerto Rico, Miami,
Raquel	saludó a	Los Ángeles, Nueva York
Arturo	conoció a	
Ángela	salió para	el hospital, el hotel, la casa
Pati	(no)	estaba (dormido/a) en	de Pedro, la oficina
Ofelia	llamó a	
Carlos	fue a	Carlos, Carlos y Gloria, toda
Roberto	le(s) contó algo a	la familia, Raquel, Pedro,
	estaba preocupado/a por	Arturo, Juan, Ángela, Pati
	besó a	

Para pensar...

1. En la **Actividad B,** comentaste las actividades de casi todos los personajes principales menos las de don Fernando. Parece que todos se han olvidado de él. ¿Cómo estará don Fernando? ¿En qué estará pensando? ¿Crees que sus nietos le van a causar una buena impresión?
2. ¿Crees que Arturo les ha causado una buena impresión a los miembros de la familia Castillo? ¿Por qué sí o por qué no? Piensa en sus interacciones con todos hasta ahora. Y la familia, ¿le ha causado una buena impresión a Arturo? ¿Está contento de conocer a su «nueva» familia?

36

¿Qué estarán haciendo?

reparación

Actividad.

Los siguientes incidentes ocurrieron en el episodio previo. ¿Puedes dar el nombre del personaje o de los personajes apropiados que dijeron o hicieron estas cosas?

1. _____ por poco tienen un accidente en el camino.

2. _____ salió para Nueva York.

3. _____ le dio malas noticias a su jefe.

4. _____ llegó primero al hospital y vio a Roberto.

5. _____ dijo que Roberto no sufrió lesiones graves.

6. _____ conocieron a Ángela mientras estaban fuera del cuarto de Roberto.

7. _____ dormía durante todo el episodio.

8. _____ se besaron en el hospital (y tambien en el jardín en la casa de Pedro).

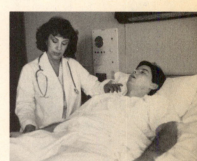

9. _____ llamó a Puerto Rico.

10. _____ habló con su madre.

11. _____ no quiso ir a la casa de Pedro.

12. _____ conoció a los miembros de la familia Castillo.

Para pensar...

En este episodio alguien le va a contar a otra persona lo que le ha pasado recientemente. Otras personas van a pensar en lo que les ha pasado a ellos. Piensa tú un momento en los **Episodios 27–35.** ¿Qué les ha pasado a estas personas?

Raquel	Ramón	Juan
Arturo	Pedro	Roberto
Mercedes	Carlos	Ángela

AFTER VIEWING . . .

¿**T**ienes buena memoria?

Actividad.   ¿Qué pasó?
Contesta las siguientes preguntas sobre lo que pasó en este episodio.

1. Los miembros de la familia Castillo... se dan cuenta / no se dan cuenta... de la atracción entre Arturo y Raquel.
2. Raquel/Arturo... quería quedarse un poco más en el jardín antes de reunirse otra vez con los Castillo.
3. Arturo... sigue enamorado / ya no está enamorado... de Raquel.
4. En la sala... Consuelo/Gloria... habla sin parar mientras los demás piensan en sus propios problemas.

Repaso de los episodios 27–35

Actividad A.   Lo que le pasó a Raquel

Pon los siguientes incidentes en orden cronológico (del 1 a 7), según los contaba Raquel.

a. _____ Raquel y Ángela fueron manejando del pueblo a la capital.

b. _____ Al llegar al pueblo, no pudieron pasar al sitio de la excavación.

c. _____ Raquel y Ángela fueron manejando de la Ciudad de México a un pueblo.

d. _____ Por fin sacaron a Roberto y lo llevaron a la capital.

e. _____ Estaban a punto de rescatar a Roberto cuando hubo otro derrumbe.

f. _____ En un hospital conocieron a un cura que las ayudó mucho.

g. _____ Al regresar al sitio de la excavación, supieron que Roberto estaba vivo.

Actividad B.   ¿Y la familia Castillo?

Varios miembros de la familia Castillo reflexionaron sobre problemas importantes mientras Gloria hablaba sin parar. ¿Te acuerdas de la información más importante?

Juan

¿Cuál es el motivo principal del conflicto entre él y Pati?

a. _____ A Pati no le gusta la familia de Juan.

b. _____ Juan quiere que Pati pase más tiempo con él y con su familia.

c. _____ Pati no sabe manejar sus proyectos profesionales y por eso no puede pasar tiempo suficiente con Juan.

Para pensar…

Ya sabes que Ramón le sugirió a Juan que tal vez él, Juan, le tenga envidia a Pati, su mujer. ¿Crees que Juan tomó en serio la sugerencia de Ramón? ¿Qué va a hacer Juan?

Mercedes

Paso 1

¿Cuál es el problema esencial de ella?

a. _____ Sufre por la enfermedad de su padre y porque sabe que hay otros problemas familiares también.

b. _____ Les tiene envidia a Consuelo y a Pati, porque éstas están casadas y ella no.

c. _____ Les tiene envidia a sus hermanos porque éstos tienen carreras y ella no.

Paso 2

Indica si las siguientes oraciones son ciertas (**C**) o falsas (**F**) con relación a Mercedes.

C   F   1. Ha pasado la mayoría de su tiempo en el hospital.

C   F   2. También habló con Juan sobre sus problemas matrimoniales.

C   F   3. No sabe nada de lo que está pasando en la oficina en Miami. Pedro y Ramón no le han dicho nada del asunto.

Para pensar...

Algunas personas viven para sí mismas. Otras viven para los demás. En tu opinión, ¿qué tipo de persona es Mercedes? ¿Por qué crees que es así? ¿Crees que es muy diferente de sus hermanos?

Pedro

Paso 1

¿De qué problema se entera él?

a. _____ Roberto y Ángela no son los verdaderos nietos de don Fernando.
b. _____ Don Fernando está arruinado económicamente por su enfermedad.
c. _____ Las finanzas de la compañía no están en buenas condiciones.

Paso 2

¿Qué recuerdas de la conversación que Pedro y Ramón tuvieron con los auditores? De las siguientes recomendaciones, ¿cuáles *no* fueron dadas por los auditores?

a. _____ vender La Gavia
b. _____ abrir otra oficina en la capital
c. _____ cerrar la oficina en Miami
d. _____ concentrarse en la producción de autos
e. _____ nombrar a Juan director de la compañía

Para pensar...

La situación económica de la compañía Castillo Saavedra realmente está grave. ¿Qué opinas tú? ¿Crees que Pedro y Ramón van a seguir las recomendaciones de los auditores? ¿Cuál es la causa de los problemas en la oficina de Miami? ¿Es culpa de Carlos? ¿O hay otra posibilidad?

Un viaje a México: La capital

Un sector de la capital mexicana

37

Llevando cuentas

Preparación

Actividad A.

Al empezar esta serie de episodios de *Destinos*, varias situaciones están sin resolverse todavía. Otras están a punto de desarrollarse. ¿Puedes dar el nombre de la persona que está enfrentando las siguientes situaciones? ¡OJO! Más de una persona está involucrada en algunas situaciones, y algunos personajes no tienen sólo un problema que resolver, sino varios.

Personajes: Ángela, Arturo, Carlos, don Fernando, Gloria, Juan, Mercedes, Pati, Pedro, Ramón, Raquel, Roberto

Situaciones

1. _____ Le ha declarado su amor a una persona, pero esa persona todavía no le ha dado una respuesta.

2. _____ Esta persona está muy pensativa porque alguien le ha dicho que es egoísta.

3. _____ Tiene que tomar decisiones relacionadas con los problemas financieros causados por un pariente.

4. _____ Su trabajo es la causa de que se separa de una persona querida.

5. _____ Todavía piensa en una persona de su pasado... y en unos parientes que no ha conocido todavía.

6. _____ Hay serios problemas financieros en la oficina que esta persona dirige.

7. _____ Un pariente se mete mucho en la vida de esta persona, lo cual (*which*) le molesta mucho.

8. _____ Aunque el esposo de una pareja es miembro de su familia, esta persona apoya a la esposa.

9. _____ Alguien le ha declarado su amor a esta persona, pero no sabe qué hacer. Por un lado, está el amor. Pero por otro, está la familia...

10. _____ Esta persona tuvo una pelea con otra persona que ahora está inconsciente a causa de un accidente.

Actividad B.

En este episodio, Mercedes le va a explicar a Arturo el significado de algunas fiestas nacionales de México.

Paso 1

Primero, lee lo que Mercedes le va a decir sobre el 16 de septiembre.

MERCEDES: El 16 de septiembre se dio el grito de independencia. En ese día en el pueblo de Dolores, el padre Miguel Hidalgo supo que los españoles habían descubierto los planes de independencia del grupo de patriotas. El padre Miguel Hidalgo era uno de estos patriotas. Entonces, en la madrugada de ese día, el padre tocó las campanas de la iglesia, llamando a todos los habitantes del pueblo. Cuando llegaron, Hidalgo les habló otra vez de la igualdad entre los hombres. Les habló de cómo los indígenas, mestizos y criollos deberían tener los mismos derechos que los españoles que gobernaban las colonias. Dijo que era el momento de ser una nación independiente. Y así empezó la lucha por la independencia. Por ese motivo, cada 16 de septiembre hay grandes celebraciones en todo el país.

Paso 2

Ahora escucha lo que Mercedes le dice a Arturo sobre el Cinco de Mayo. Luego contesta las preguntas.

1. En México, la celebración del Cinco de Mayo tiene que ver con...
   a. _____ una batalla contra tropas de los Estados Unidos
   b. _____ una batalla contra tropas francesas
   c. _____ una batalla contra tropas españolas

2. El Cinco de Mayo conmemora...
   a. _____ la valentía de los mexicanos en esa batalla
   b. _____ la independencia de México de España
   c. _____ el comienzo de la primavera

MERCEDES: Como ya sabrás, Arturo, en 1861, los franceses invadieron México. Napoleón III siempre había soñado con poseer territorios en América. En esa época, Benito Juárez era presidente de México. Pero nuestro país estaba dividido.

Había un gran conflicto entre los conservadores y los liberales. Llegaron las tropas francesas, y con la ayuda de los conservadores, Napoleón pudo instalar a Maximiliano de Austria como emperador de México. Pero el imperio de Maximiliano no duró mucho. Pues, las batallas con Juárez continuaban. En 1867, Maximiliano fue capturado y fusilado. Benito Juárez asumió su autoridad una vez más. Una de las batallas más importantes ocurrió el 5 de mayo de 1862 en la ciudad de Puebla. Allí, el general Zaragoza venció a las tropas francesas. Aunque la lucha contra los franceses duró varios años más, la batalla de Puebla representa el espíritu y la valentía con que los mexicanos luchaban. Cada año celebramos el Cinco de Mayo como un acontecimiento muy importante.

Para comprender un poco más

Note: On occasion boxes such as this one will present vocabulary that may help you understand certain conversations more completely. Can you guess the meaning of the boldfaced vocabulary items from their brief context?

atrasado/a	El vuelo de Raquel está **atrasado**. Debe llegar a las siete y media, pero no va a llegar hasta las ocho.
darle de alta	Don Fernando desea regresar a La Gavia. ¿Cuándo **le** van a **dar de alta** sus médicos?
una pesadilla	Carlitos se despertó porque tuvo **una pesadilla** y ahora no quiere estar solo.

AFTER VIEWING . . .

¿Tienes buena memoria?

Actividad A. ¿Qué pasó?
¿Puedes identificar a los siguientes personajes?

1. Esta persona habló de las fiestas nacionales de México.
2. Esta persona revisó sus asuntos económicos y llegó a la conclusión de que maneja muy mal el dinero.
3. Esta persona también revisó sus asuntos económicos y encontró que tenía suficiente dinero para hacer un viaje.
4. Esta persona llamó al hotel y dejó un mensaje para Raquel.
5. Esta persona ha comprado su pasaje para ir a México.

Actividad B. ¿Quién lo dijo?
Identifica al personaje que hizo cada una de las siguientes declaraciones. ¿Puedes identificar también al personaje con quien hablaba?

Raquel	Pedro	Luis
Ángela	Mercedes	Carlitos
Arturo	Ramón	María Rodríguez
Roberto	Juan	(la madre de Raquel)

MODELOS: _____ está conversando con _____ .

_____ le(s) dijo esto a _____ .

_____ está hablando por teléfono con _____ .

1. Bueno, mi madre era una mujer… llena de vida, afectuosa. A veces tenía momentos de tristeza y yo no entendía por qué…
2. Ya verás las sorpresas que te esperan cuando despiertes, Roberto. Primero, conoceremos a nuestro abuelo, el padre de papá.
3. Tú eres el esposo de Raquel, ¿verdad?… Entonces, ¿son novios?… Porque sólo los novios o los esposos se besan en el jardín, ¿no es cierto?
4. Raquel se pondrá muy contenta de verte…. Será una completa sorpresa…. Yo creo que a ella también le gustará verte a ti.
5. Muy bien. Mañana le daré tus recibos a mi secretaria y le diré que te haga un cheque.

Para pensar…

Al final de este episodio, Raquel recibió un mensaje de Pedro. ¿Por qué quiere Pedro hablar con Raquel otra vez cuando acaba de verla en su casa? ¿Es posible que tenga que ver con don Fernando?

38

Ocultando la verdad

BEFORE VIEWING . . .

Preparación

Actividad A.

¿Qué pasó en el episodio previo? Indica si las siguientes afirmaciones son ciertas (**C**) o falsas (**F**).

C F 1. La familia Castillo le pidió a Arturo que hablara un poco de su madre.

C F 2. También le dijeron a Arturo que regresara a México para conocer al resto de la familia.

C F 3. Arturo y Raquel salieron a bailar después de hablar con la familia.

C F 4. En el hospital Ángela revisaba sus cuentas.

C   F   5. Al regresar por fin al hotel, Arturo le dio a Raquel un regalo, una foto.
C   F   6. Raquel recibió un telegrama urgente.

Actividad B.

Ya sabes que la familia Castillo tiene problemas económicos. En este episodio, Ramón y Pedro le van a hablar de esos problemas a Mercedes. Luego van a hablar de posibles soluciones. Lee una parte de su conversación y contesta las preguntas. Al leer, recuerda que **engañar** significa *to deceive*.

PEDRO: Cuando compararon cuentas, descubrieron que Carlos llevaba los libros mal.
MERCEDES: Carlos nunca ha manejado bien el dinero. Bueno, él nunca ha manejado bien muchas cosas.
RAMÓN: Mercedes... no es cosa de que Carlos no sepa manejar el dinero. Carlos sí sabe manejar asuntos financieros.
MERCEDES: ¿Quieren decir que Carlos nos engañaba? ¿Que engañaba a su propia familia?
PEDRO: Cálmate, Mercedes. No hemos dicho eso.
MERCEDES: Pues, ¿qué están diciendo entonces?
PEDRO: Mercedes, sólo queremos saber lo que pasó... y estamos buscando el momento oportuno para hablar con Carlos.
MERCEDES: Hay que tener cuidado. Es un asunto muy delicado. Si acusan a Carlos de...
RAMÓN: No, no vamos a acusar a Carlos de nada. Ya es tarde para eso. Lo importante es buscar soluciones.
MERCEDES: ¿Y qué se puede hacer?
RAMÓN: Tal vez tengamos que cerrar la sucursal. O al menos poner otra persona a cargo.

1. Cuando hablan de soluciones, Ramón habla de cerrar «la sucursal». ¿Qué significa esa palabra?
   a. _____ un tipo de investigación   b. _____ oficina de una compañía

2. Ramón también propone otra solución para los problemas financieros: «poner a otra persona a cargo». ¿Qué crees que significa esa frase?
   a. _____ darle la dirección de la oficina a otra persona
   b. _____ cambiar el personal de la oficina, por ejemplo, la secretaria

---

Para pensar...

1. Según lo que sabes en este momento, ¿se te ocurre otra solución para los problemas financieros de la familia Castillo?
2. ¿Cuándo crees que los hermanos deben hablar con Carlos sobre estos asuntos? Antes de contestar, piensa en todas las preocupaciones que la familia tiene en este momento.

Para comprender un poco más

cabezón/cabezona	Juan es **cabezón.** A veces no escucha los consejos que le dan y sigue con lo suyo.
caerle bien/mal a alguien	Arturo **les** quiere **caer bien** a los Castillo. Es decir, quiere causarles una buena impresión.

AFTER VIEWING . . .

¿Tienes buena memoria?

Actividad A.   Lo que sabe Raquel

Esta noche, en el hotel, Raquel ha hablado con una serie de personas que le son importantes de una forma u otra. ¿Puedes completar el siguiente resumen de sus conversaciones?

Frases útiles:

> hablar de sí mismo / de nosotros, pasarlo bien/mal con, quedarse en Los Ángeles, venir a México
>
> una carta para él, un mensaje para mí, una llamada telefónica
>
> con don Fernando / con Roberto, en mí / en mi familia
>
> si Ángela había regresado, si Roberto se había despertado

Me gusta mucho la foto que Arturo me dio. Yo siempre _____.[1] Arturo. Es muy amable y me hace sentir muy bien.

Cuando Arturo y yo regresamos al hotel, había _____.[2] Pedro quería que yo lo llamara a su casa. Otra vez olvidé la cartera. Ya que el mensaje era urgente, Arturo y yo pensamos que tenía que ver _____.[3] ¡Qué susto!

Luego Arturo y yo fuimos a tomar algo. Al sentarnos, Arturo empezó a _____.[4] Yo le dije que había pensado en él, pero que *no* había pensado _____.[5] Nuestra conversación fue interrumpida por _____.[6] Era mi madre, quien me quería decir que ella y mi padre sí iban a _____.[7]

Al subir a mi habitación, llamé a la recepción para saber _____,[8] pero parece que no. Ojalá Roberto esté bien.

Actividad B.   Lo que Raquel no sabe

Paso 1
Raquel no ha podido hablar con Ángela, así que no sabe nada sobre Roberto. ¿Te acuerdas de lo que pasó con Roberto en este episodio? ¿Se despertó o no?

Paso 2
Raquel tampoco sabe nada de las otras preocupaciones de la familia Castillo. ¿Puedes contestar las siguientes preguntas sobre esos problemas?

1.   En cuanto al futuro de Juan y Pati, ¿son optimistas o pesimistas los hermanos?
2.   ¿Qué le revelan Pedro y Ramón a Mercedes? ¿que Carlos ha sacado dinero de la compañía o que Carlos maneja mal el dinero?
3.   ¿Qué ya no puede hacer Carlos? ¿ser director de la oficina u ocultar la verdad?

Para pensar...

1. En este episodio, Carlos le dijo a Gloria que no podía seguir ocultándole la verdad a su familia. ¿Qué «verdad» está ocultando Carlos? ¿Por qué crees que Carlos se enfadó con Gloria? ¿Es posible que ella tenga algo que ver con el dinero que ha sacado Carlos?
2. Al final del episodio, Carlos se enfadó muchísimo porque no encontró a Gloria en la casa. ¿Adónde crees que se fue? ¿Por qué se fue?

Más allá del episodio: Carlos y Gloria

Ya sabes que Carlos ha sacado mucho dinero de la cuenta de la sucursal en Miami... más de $100.000.00. Y también sabes que la familia está al tanto[1] de todo. Bueno, por lo menos saben que la sucursal anda muy mal de dinero y que tal vez haya que cerrarla. Lo que no saben es el porqué.

Carlos cree que ya es hora de enfrentarse con la realidad, pero le cuesta decírselo todo a sus hermanos. Por supuesto, no es falta de confianza ni de cariño. Carlos realmente no sabe muy bien por qué no ha hablado con ellos. Probablemente porque esperaba que todo se solucionara fácilmente. Toda esta situación le disgusta mucho. Para él, su familia tiene mucha importancia; es lo primero. Y, además, siempre ha tratado de ser una persona honesta. «¿Cómo ha podido pasar todo esto?», se pregunta.

Lo irónico es que pusieran a Carlos a cargo de la sucursal precisamente por su honestidad. «Pedro», le dijo don Fernando una vez a su hermano, «quiero que mandes a Carlos a Miami. Es por la distancia, ¿sabes? Tenemos que tener allí a un miembro de la familia... una persona en quien podamos confiar para dirigir la oficina.»

Al principio, Carlos no quería aceptar el cargo. No creía ser la persona indicada para llevar tanta responsabilidad. Además, estaba muy contento con su vida en la capital, y la idea de vivir en el extranjero no le gustaba mucho. Viajar al extranjero... pasar las vacaciones fuera de México... eso sí. Pero, ¿criar[2] a los niños en otro país? Eso ya era otra cosa. Pero como su padre insistía, por fin aceptó.

Al principio, todo anduvo bien. La oficina prosperaba y a Carlos le iba gustando más cada día el trabajo de dirigirla. Empezó entonces el problema de Gloria. Al principio, Carlos creyó que el problema de ella sería algo pasajero,[3] una extravagancia nada más. Pensó qué podría ser una reacción a alguna otra crisis personal de ella. Tal vez él mismo era culpable, por estar tan ocupado con los negocios y no dedicarle a Gloria mucha atención. Quizás se debía a la influencia de sus amigas.

Carlos ya no sabe qué pensar. Ha tratado de resolver su problema con grandes cantidades de dinero. Y hay que admitir que ha pagado otro precio también: ha violado la confianza que tenía en él su familia. Todo por su esposa. ¿Cuál es el problema que tiene Gloria?

[1] está... *is aware*   [2] *to raise, bring up*   [3] *temporary*

Las consecuencias del problema han llegado a un punto bastante delicado. Es imposible seguir ocultándolo.

39

La misma sonrisa

reparación

Actividad.

Aquí está el resumen del narrador que vas a escuchar al principio de este episodio. ¿Puedes completar las oraciones?

En el episodio previo,

1. Raquel y Arturo regresaron al hotel después de… ver a don Fernando en el hospital/ una reunión en la casa de Pedro.
2. Había un mensaje para… Raquel/Arturo.
3. Ellos, alarmados, llamaron en seguida a… Puerto Rico/Pedro.

En el bar,

4. Arturo/Raquel... le preguntó a... Arturo/Raquel... si había pensado... en ellos/en su futuro.

Mientras tanto,

5. Pedro, Ramón y Mercedes hablaban de... los problemas que tienen Juan y Pati/los problemas económicos de la oficina en Miami.
6. Pedro y los demás no sabían que... Juan/Carlos... los escuchaba.

En casa de Ramón,

7. Carlos habló... seriamente/alegremente... con Gloria.
8. Más tarde, Carlos descubrió que... los niños habían desaparecido/Gloria había desaparecido.

Para pensar...

Las siguientes fotos representan algunas de las escenas que vas a ver en este episodio. ¿Quiénes son los personajes que se ven? ¿Qué te sugiere cada foto?

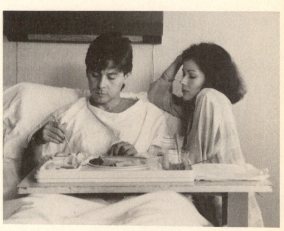

Para comprender un poco más

el boleto Si quieres ver una película o una obra de teatro, tienes que comprar **el boleto** para poder entrar.

Actividad A.   ¿Qué hicieron?

En la siguiente tabla se encuentran los nombres de los personajes principales de este episodio. Lee las oraciones y escribe el número de cada oración junto a los nombres apropiados.

Raquel y Arturo	Carlos y Gloria
Ángela y Roberto	Juan, Ramón y Pedro

1. Esta persona busca a la otra persona, que ha desaparecido.
2. Esta persona tiene mucha hambre, y la otra persona le busca otro desayuno.
3. Estas personas van al hospital para conocer a alguien.
4. Estas personas van a La Gavia esta mañana.
5. Esta persona llama a un país extranjero por un pariente de la otra persona.
6. Esta persona pide boletos para un espectáculo que quiere ver con la otra persona y unos parientes.
7. Dos de estas personas hablan de vender La Gavia, con un pariente.
8. Una de estas personas les habla a unos parientes de un pariente «perdido», mientras la otra persona escucha.

Actividad B.   Encuentros

Paso 1

En este episodio, ¿recuerdas lo que decían Arturo y sus sobrinos puertorriqueños? Indica todos los temas de que hablaron en el episodio.

1. _____ el accidente en la excavación
2. _____ la condición de Roberto
3. _____ el parecido entre Roberto y su padre Ángel
4. _____ la esposa de Ángel
5. _____ las cosas que trajo Arturo desde la Argentina
6. _____ la muerte del padre de Arturo
7. _____ el sentido de culpabilidad de Ángel
8. _____ el sentido de culpabilidad de Arturo

Paso 2

Antes de conocer a sus sobrinos, Arturo quería hablar con Raquel. ¿Te acuerdas de su breve conversación fuera del cuarto de Roberto? Contesta la pregunta.

ARTURO: Ven, que te quiero decir algo.... Raquel, te quiero agradecer lo que has hecho.
RAQUEL: ¿Cómo?

ARTURO: Encontrar a Ángela... y a Roberto. Por fin podré resolver el conflicto... no con Ángel,... pero sí con sus hijos.

RAQUEL: Vamos. Te estarán esperando.

¿Cuál es el conflicto a que se refiere Arturo?

a. _____ Creía que Ángel tenía la culpa de la muerte de su padre.

b. _____ Se sentía culpable por no buscar a Ángel después de que éste se fue.

Para pensar...

En este episodio, Juan pensaba en hacer una llamada telefónica, pero no lo hizo. ¿A quién pensaba llamar? ¿Por qué? ¿Qué le quería decir?

EPISODIO 40

Entre la espada y la pared

BEFORE VIEWING . . .

Preparación

Actividad A.
¿Puedes completar el siguiente resumen de lo que pasó en el episodio previo?

1. se acostó / desapareció
2. buscarla / dar un paseo
3. se sentía muy bien, con mucha hambre / estaba muy cansado y sin apetito
4. su abuelo / su tío
5. la posible venta de La Gavia / la enfermedad de don Fernando
6. se quedó en casa / regresó al hospital para estar con su padre

En el episodio previo, Carlos le dijo a Ramón que Gloria _____.¹ Después de pedirle el carro a Ramón, Carlos salió a _____.²

Mientras tanto, en el hospital, Roberto, ya despierto, _____.³ Después de comerse dos desayunos, Roberto conoció a _____.⁴

En casa de Pedro, los hermanos también desayunaron y hablaron de _____.⁵ Luego, Ramón, Pedro y Juan salieron para la hacienda. Mercedes, como de costumbre, _____.⁶

Actividad B.

Ya sabes que Pati se ha ido a Nueva York para resolver los problemas que tiene con la producción de su obra. En este episodio, va a hablar de esos problemas con su productor.

Paso 1

Lee una parte de su conversación y luego contesta la pregunta.

PRODUCTOR: Pati, veo que has regresado.

PATI: Hola, Manuel. Sí, regresé hace poco.

PRODUCTOR: Me alegro porque quiero hablar contigo sobre algunas cosas.

PATI: ¿Qué querías?

PRODUCTOR: ¿Sabes que esta obra me parece un poco controversial?

PATI: Si mal no acuerdo, me has dicho que es muy controversial.

PRODUCTOR: Pues, sí. Y hasta creo que ni siquiera la vamos a poder estrenar.

PATI: ¡¿Cómo?!

PRODUCTOR: No te enojes. Los patrocinadores me han dicho que no están... que no están dispuestos a seguir apoyando la obra a menos que cambies unas de las escenas más controversiales.

PATI: Manuel, no entiendo. Hemos discutido esto diez veces y te he dicho que no, que no pienso cambiar absolutamente nada.

PRODUCTOR: Pati, mira. O cambias las escenas, o cancelamos la producción. Así es.

PATI: ¿Cómo es posible que la opinión de unos cuantos señores sea causa para la cancelación de la obra?

PRODUCTOR: Bien sabes que «la opinión de unos cuantos señores» cuenta siempre. Cuenta en la televisión, cuenta en el cine, cuenta aquí en el teatro universitario. Y no solamente aquí en este teatro sino en todos los teatros universitarios en este país. Y la verdad es que esta obra tiene partes que son ofensivas para ciertas personas.

De las siguientes oraciones, ¿cuál describe mejor la conversación entre Pati y el productor?

a. Es una conversación calmada. Pati y el productor se llevan bien y pueden resolver algunos asuntos.

b. Es una conversación animada. Es obvio que Pati y el productor tienen ideas diferentes sobre una serie de asuntos.

Paso 2

Lee la conversación por lo menos una vez más y luego contesta las preguntas. Al leer, ten en cuenta que **patrocinadores** significa *sponsors* (*people who give money to fund productions*).

1. Según el productor, ¿qué cosa importante tiene que hacer Pati?
   a. _____ hacer unos cambios en la obra
   b. _____ pasar más tiempo hablando con los patrocinadores
   c. _____ darle una entrevista a un reportero del periódico de la universidad

2. Según el productor, ¿qué pasará si Pati no sigue sus consejos?
   a. _____ La obra no tendrá éxito.   c. _____ La obra se cancelará.
   b. _____ Él buscará a otro director.

Para pensar...

En tu opinión, ¿cuál va a ser la respuesta de Pati a las demandas del productor? ¿Hará ella los cambios? ¿Qué sabes de Pati que te ayudará a determinar lo que hará?

Para comprender un poco más

me/le cansa	Algunas personas siempre se quejan de las mismas cosas. Realmente **me cansa** estar con ellas.
mandón/mandona	La mamá de Raquel es una persona muy **mandona**. Siempre les dice a todos lo que deben hacer.
me importa un comino	¡**Me importa un comino** lo que puedan decir los demás! ¡No me importa para nada!

AFTER VIEWING . . .

¿Tienes buena memoria?

Actividad A. ¿A quién se refiere?
Indica al personaje descrito en cada oración.

a. Raquel   d. Carlos   g. la agente de bienes raíces
b. Arturo   e. Mercedes   h. Pati
c. Roberto   f. don Fernando   i. el productor de Pati

1. _____ Le dan de alta en el hospital.
2. _____ Lo tienen que llevar a otro hospital.
3. _____ No quiere hacer ningún cambio en un proyecto.
4. _____ Amenaza con cancelar un proyecto.
5. _____ Confiesa que su madre es un poco mandona a veces.
6. _____ Tiene un cliente que quiere comprar La Gavia.
7. _____ Tiene que ir de compras porque no tiene ropa.
8. _____ Va a ir con su padre a Guadalajara.

9. _____ Se sentó a hablar con su ayudante.
10. _____ No puede acompañar a su padre a Guadalajara.

Actividad B.　Pati y su ayudante

Como sabes, después de hablar con el productor, Pati también habló largamente con Guillermo, su ayudante en el teatro. ¿Cuánto recuerdas de su conversación?

1. ¿Quién inició la conversación, Pati o Guillermo?
2. ¿De qué hablaron, de la obra o de Juan?
3. ¿Cree Guillermo que era necesario que Pati regresara a Nueva York, por la obra?
4. ¿Qué idea le dio Guillermo a Pati, que Juan tiene miedo o envidia de ella?

Para pensar...

Piensa un momento en la conversación entre Pati y su ayudante. ¿Qué tipo de relaciones existe entre ellos? ¿Crees que hace mucho tiempo que se conocen?

Actividad C.　Raquel y sus padres

Durante este episodio, Raquel le habló a Ángela de sus relaciones con sus padres. ¿Recuerdas lo que dijo?

1. Según Raquel, su madre... es muy simpática / es un poco mandona.
2. Raquel... se lleva bien / trata de llevarse bien... con su madre.
3. En cambio, su padre... es muy machista / es una persona muy tranquila.

Para pensar...

¿Qué opinas de las relaciones entre Raquel y su madre? ¿Son parecidas a las relaciones que tienes (o tenías) tú con tu propia madre? ¿con tu padre? ¿Es muy común entre padres e hijos el tipo de tensión que describe Raquel?

Algo inesperado

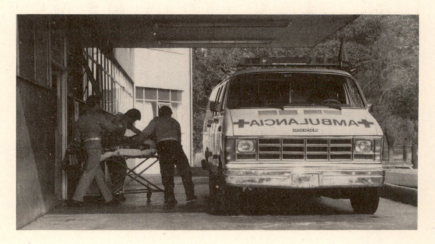

BEFORE VIEWING . . .

Preparación

Actividad A.

¿Te acuerdas de lo que pasó en el **Episodio 40**? Indica si las siguientes oraciones son ciertas (**C**) o falsas (**F**).

C   F   1. A Roberto le dieron de alta en el hospital.

C   F   2. Antes de ir a conocer a don Fernando, Roberto quería ir al hotel para cambiarse de ropa.

C   F   3. En Nueva York Pati tenía problemas graves con el productor de su obra.

C   F   4. El productor quería que Pati hiciera unos cambios en la obra.

C   F   5. Más tarde Pati le contaba a su esposo los problemas que tenía en el teatro.

C   F   6. En México, le informaron a la familia Castillo que el especialista vendría a la capital para examinar a don Fernando.

Actividad B.

En este episodio, Ángela y Roberto comienzan a hablar de la venta del apartamento en San Juan. Como sabes, el tío Jaime le dijo a Raquel por teléfono que había una oferta para comprarlo.

Lee la conversación y trata de captar los puntos más importantes. Luego contesta las preguntas.

ROBERTO: Pero, ¿qué necesidad hay de vender el apartamento? Nos criamos en ese apartamento. Está lleno de recuerdos.

ÁNGELA: Precisamente. A mí me dan tristeza los recuerdos.

ROBERTO: ¿Quieres decir que no tienes otros motivos?

ÁNGELA: ¿Qué otros motivos podría tener?

ROBERTO: Sabes bien a qué me refiero.

ÁNGELA: ¡Pues no! ¡No lo sé! Dímelo tú... A ver, dímelo.

ROBERTO: Esto ya lo hablamos hace una semana. Ángela quiere darle parte del dinero a su novio Jorge.

ARTURO: ¿Y acaso no es legítimo el motivo de Ángela?

ROBERTO: ¿Legítimo?

ARTURO: Que pienses distinto a tu hermana, no quiere decir que ella esté equivocada. Ambos tienen el mismo derecho, ¿no es cierto? Miren. Todos hemos pasado por momentos difíciles. Ahora debemos contentarnos con que estemos sanos y vivos. ¿Entienden? Esto del apartamento lo pueden discutir más tarde, cuando estén más tranquilos. Además, no dejen que una sola oferta los tiente.

1. ¿Cuál es la reacción de Roberto?
   a. _____ Roberto está de acuerdo con la venta del apartamento.
   b. _____ Roberto se opone a la idea de venderlo.

2. ¿Cuál es el intento de Arturo?
   a. _____ Quiere calmar a sus sobrinos.
   b. _____ Trata de convencer a Ángela de su error.

3. ¿Sabe Roberto por cierto que Ángela quiere darle dinero a Jorge, su novio?

4. ¿Qué les aconseja Arturo?
   a. _____ Que esperen, que dejen el asunto por el momento.
   b. _____ Que piensen bien lo que quieren hacer.
   c. _____ Que lo consulten con un abogado.

Para pensar...

1. ¿Has notado que Raquel no dijo nada durante la conversación? ¿Por qué crees que se queda callada?
2. ¿Qué opinas de la forma en que Arturo se comportaba con sus sobrinos? Acaba de conocerlos. ¿Crees que es apropiado que les esté aconsejando de esta manera?

Para comprender un poco más

gruñón/gruñona   La tía Olga es la **gruñona** de la familia. Siempre se queja o encuentra defectos en todo.

rezongón/rezongona No me gusta levantarme. Por eso por la mañana soy la persona más **rezongona** del mundo. Después de las diez, es otra cosa.

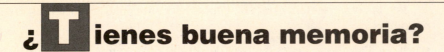

¿Tienes buena memoria?

Actividad A.   El repaso de Raquel

Al final de cada episodio de *Destinos*, has escuchado el repaso de Raquel. En esta actividad, vas a leer el repaso del **Episodio 41** otra vez, pero ¡ahora tú tienes que dar las respuestas!

Lee las preguntas de Raquel con cuidado y contéstalas.

1. En unos minutos voy a salir con Arturo a cenar. Me gustaría estar a solas con él... tranquilos... sin que nadie nos moleste. Hoy fuimos al hospital para ver a don Fernando. Yo entré sola. ¿Recuerdan por qué?
2. Bueno, yo entré al cuarto de don Fernando, pero ¿qué pasó en este momento? ¿Qué encontré al entrar?
3. Bueno, más tarde, mientras caminábamos, recordé que Ángela tenía que hacer algo. Tenía que llamar a alguien. ¿A quién tenía que llamar?
4. Jaime había recibido una oferta para vender el apartamento en San Juan. ¿Cómo reaccionó Roberto al oír esto?

Actividad B.   La familia Castillo

Como sabes, al principio de este episodio, don Fernando sale para Guadalajara, acompañado por Mercedes. Pero había otros acontecimientos importantes también. ¿Puedes completar las siguientes oraciones?

Verbos: jugar al *bridge*, jugar por dinero, llamar a Pati, llevar a don Fernando a Guadalajara, salir para el aeropuerto, vender La Gavia
Sustantivos: una enfermedad física, un vicio
Lugares: Guadalajara, Nueva York
Personas: don Fernando, Gloria, Pati
Adjetivos: culpable, preocupado

1. Carlos le revela a su familia su secreto: Gloria tiene.... Tiene que....
2. En este momento, Carlos se siente.... Cree que hablan de... por lo que él ha hecho con el dinero de la oficina en Miami.
3. Juan escucha parte de la confesión de Carlos, pero luego se levanta y.... Va a... para ver a....

Para pensar...

Algunas personas fácilmente llegan a ser adictas al juego. ¿Conoces tú a alguien que tenga este problema? ¿Conoces a alguien que tenga otro tipo de adicción? Habla con algunos amigos para ver lo que piensan de la adicción de Gloria.

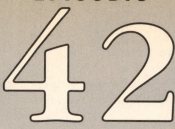

Yo invito

Preparación

Actividad A.

Contesta las siguientes preguntas sobre el **Episodio 41**.

1. ¿Sí o no? ¿Han llegado Ángela y Roberto a un acuerdo sobre la venta del apartamento?
2. ¿Cierto o falso? Ángela y Roberto no pueden conocer a su abuelo todavía.
3. En casa de Pedro, Carlos
   a. _____ confesó que había sacado fondos de la oficina
   b. _____ admitió que tenía problemas en manejar el dinero

Para pensar...

Cuando Raquel baje para ir a cenar con Arturo, se va a encontrar con Luis y con Arturo. ¿Qué harías tú en esta situación? ¿Cómo le presentarías a Luis a Arturo? ¿Invitarías a Luis a cenar?

Actividad B.

Paso 1
Luis les va a hablar a Raquel y Arturo de su vida profesional. Lee una parte de lo que les dice y luego contesta la pregunta.

RAQUEL: Y tú, Luis, ¿qué has hecho durante todos estos años? ¿Sigues trabajando en la misma compañía?

LUIS: No. Al poco tiempo de estar en Nueva York, encontré una mejor oferta de trabajo. Así que renuncié a mi antiguo puesto y me fui a esta nueva compañía. Me ha ido muy bien; no me puedo quejar. Soy ahora vicepresidente de la compañía.

Según lo que acabas de escuchar, Luis es una persona

a. vanidosa   b. discreta   c. sencilla

Paso 2
Lee la conversación una vez más. Luego completa las oraciones.

1. En su vida profesional, Luis ha tenido... mucho/poco... éxito.
2. La intención de Luis al decir esto es irritar/impresionar... a Raquel.

AFTER VIEWING . . .

¿Tienes buena memoria?

Actividad A.   En este episodio
¿Te acuerdas de los acontecimientos más importantes de este episodio? Completa el siguiente resumen.

Personas: Arturo, Luis, Raquel
Verbos: esperaba a Pati, había salido a tomar algo, hablaba con Pati, hablando mucho, pagando la cuenta, salieron a cenar

Cuando Raquel bajó en el ascensor para reunirse con Arturo, para su gran sorpresa _____¹ estaba allí también. _____² invitó a Luis a acompañarlos, y los tres _____.³ Raquel terminó _____.⁴ Más tarde, poco antes de acostarse Raquel, sonó el teléfono. ¿Quién sería?

En Nueva York, Juan _____⁵ en su apartamento, pero ella no regresó. Después de ensayar con los actores, _____⁶ con su asistente.

Actividad B.   Momentos importantes

¿Recuerdas estas escenas? Léelas y escribe la letra de la foto a que corresponde.

a.

b.

c.

1. _____
2. _____
3. _____
4. _____
5. _____

1. ARTURO: Hola, Raquel.
   RAQUEL: ¿¿¿Luis???
   LUIS: Sí, Raquel, soy yo.
   RAQUEL: ¡Vaya sorpresa! ¿Y qué haces aquí?
   LUIS: Acabo de llegar a México.
   RAQUEL: ¿Estás alojado aquí en este hotel?
   LUIS: Sí.
   RAQUEL: Disculpen. Arturo, él es Luis Villarreal. Es un… viejo amigo mío. El doctor Arturo Iglesias es un buen amigo de Argentina.

2. LUIS: ¿En qué trabaja Ud., Arturo?
   ARTURO: Soy psiquiatra. Y también doy clases en la universidad.
   LUIS: No sé si creo en la terapia psicológica. ¿No cree Ud. que las personas deben resolver sus problemas por su propia cuenta?
   ARTURO: Bueno. Eso depende del problema, ¿no? Si Ud. sufriera una enfermedad física grave, ¿no consultaría con un médico?

3. GUILLERMO: ¿Vamos a tomar algo?
   PATI: Bueno. Me alegro de tener tu compañía.
   GUILLERMO: ¿Sí? Pues entonces tú puedes invitar. Toma tu chaqueta.

4. LUIS: Y Uds., ¿dónde se conocieron?
   ARTURO: En Buenos Aires.
   LUIS: Vaya. ¿Y qué hacías tú en Buenos Aires?
   RAQUEL: Ah, asuntos de trabajo. Hacía una investigación. Es una larga historia…

5. RAQUEL: Luis, Arturo y yo íbamos a cenar. ¿Quieres cenar con nosotros?
   LUIS: No, gracias. No quisiera ser una molestia. Yo…
   ARTURO: Por favor, no hay ninguna molestia.
   RAQUEL: Anda, ven…
   LUIS: Bueno, si insisten. Pero yo invito.
   ARTURO: ¡Faltaba más! Invito yo.
   LUIS: No, señor. ¡Yo los invito!

Actividad C.   ¿Qué recuerdas?

Raquel, Arturo y Luis hablaron mucho durante la cena. Indica quién hizo cada acción.

a.   Raquel   b.   Arturo   c.   Luis

1. _____ Habló de su trabajo y de cómo le ha ido bien en todo.
2. _____ Tuvo que defenderse de una crítica a su profesión.
3. _____ Recordó una conversación previa y se dio cuenta de quién era la otra persona.
4. _____ Pagó la cuenta. No dejó que otras personas la pagaran.
5. _____ Jugaba con algo que llevaba y dijo que era un regalo.

Para pensar...

1.   Después de esta cena, ¿qué impresión tienes de Luis? ¿Cómo es su personalidad? ¿Crees que Raquel todavía siente algo por él? Y Arturo, ¿qué estará pensando esta noche?
2.   Al final del episodio, el teléfono suena en la habitación de Raquel. ¿Quién será?

Más allá del episodio: Luis

Luis era—y sigue siendo—un hombre muy ambicioso. ¿Cómo es que esto ha afectado su vida personal?

Para muchas personas, la felicidad consiste en triunfar económicamente. Quieren subir la escalera socioeconómica. Al mismo tiempo con frecuencia buscan ascender en su profesión. El tener una posición importante en una empresa trae consigo no sólo dinero sino también poder. Para lograr esto, a veces es necesario sacrificar algo de la vida personal.

Algunos dirían que Luis Villarreal es una de estas personas. Pero para Luis, el éxito en la profesión es algo más. Porque, para él, una persona vale solamente por lo que tiene. Es decir, el valor de una persona se basa no en quién es sino en los bienes materiales que posee.

Desde muy joven Luis pensó que la medida del éxito era tener un auto deportivo (rojo, de ser posible), trajes italianos, vacaciones en lugares exóticos, frecuentar los restaurantes y bares más caros y de moda y, cómo no, tener también a su lado a una bella mujer.

Como la familia de Luis no era muy rica, siempre concentró toda su energía en sus estudios. Pensaba que una buena educación sería la llave perfecta para tener mucho éxito en su profesión. Nunca le molestó sacrificarse para realizar sus ambiciones. Cuando, al terminar sus estudios, tenía que elegir entre su carrera y su amor, no vaciló ni lo dudó por un instante. Prefirió su carrera.

Luis quería a Raquel; de eso no hay duda. Pero al mismo tiempo hay que admitir que siempre la veía como un objeto. Apreciaba sus cualidades como quien valora los detalles de un auto clásico. Ahora Raquel se ha convertido en algo más especial. Como él, tiene mucho éxito en su profesión. Al regresar a Los Ángeles, decidió recuperarla. Ni siquiera pensó por un instante que Raquel no pudiera tener ya ningún interés en él.

Su plan comenzó con una llamada a la casa de los padres de Raquel. Y ahora lo ha llevado a México. ¿Podrá Luis recuperar a Raquel? ¿Sentirá ella por él lo que sentía antes?

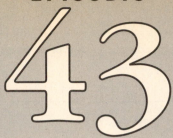

43

Seremos cuatro

BEFORE VIEWING . . .

Preparación

Actividad.

Paso 1

Identifica a las personas a quienes se refieren las siguientes oraciones.

a. Raquel   b. Pati   c. Arturo   d. Luis   e. Juan

1. _____ Esperaba a *alguien* en un apartamento en los Estados Unidos.
2. _____ Durante una cena, se encontraba entre *dos personas que se observaban con atención*.
3. _____ Durante una cena, observaba a *un posible rival*.
4. _____ Le sorprendió la llegada de *una persona de su pasado*.
5. _____ Se enteró del papel de *otra persona* en el viaje de *alguien* a México.

Paso 2
Ahora ¿puedes sustituir la información indicada por el nombre de una persona o personas?

Para pensar...

La madre de Raquel la ha puesto en una situación complicada... difícil. Si tú fueras Raquel, ¿qué harías?

1. ¿Llamarías a tu mamá para hablar con ella? ¿Qué le dirías?
2. ¿Hablarías con Arturo en seguida? ¿O esperarías que él no supiera quién era Luis?

Para pensar...

Al final del **Episodio 42**, alguien llamó a Raquel por teléfono. En tu opinión, ¿quién fue?

Para comprender un poco más

la censura   En algunos países los escritores no pueden decir siempre lo que piensan porque hay un sistema de **censura** oficial.

se hace tarde   En un momento Raquel ve que **se le hace tarde**. Se va en seguida para no llegar tarde.

AFTER VIEWING . . .

¿**T**ienes buena memoria?

Actividad A.   ¿A quién se refiere?
Indica a qué personaje se refiere cada oración.

a. Raquel   d. Juan   g. Roberto
b. Arturo   e. Ángela   h. don Fernando
c. Luis   f. Mercedes

1. _____ Llamó a Raquel por teléfono después de llegar a su habitación.
2. _____ Le prometió a Luis reunirse con él mañana... a solas.
3. _____ Asustó a su esposa en su apartamento.
4. _____ Le iban a hacer un examen médico.

5. _____ Hizo reservaciones para cuatro personas en un hotel de Cozumel.
6. _____ Hizo reservaciones para dos personas en un hotel de Zihuatanejo.
7. _____ Hizo reservaciones para tres o cuatro personas en un hotel de Guadalajara.
8. _____ Hizo una llamada y se sorprendió cuando una mujer desconocida contestó el teléfono.

Actividad B. Detalles

Completa las oraciones con la información apropiada.

1. Juan le confiesa a Pati que no está muy contento con su carrera porque
   a. _____ quiere trabajar en el teatro y no ha tenido éxito
   b. _____ no tiene una posición estable en la universidad
   c. _____ los libros que ha escrito no le han producido suficiente dinero

---

Para pensar…

¿Qué va a pasar con Juan y Pati, ahora que Juan le ha confesado a ella lo que realmente le pasa? ¿Es posible que se separen por un tiempo? ¿que se divorcien? ¿O crees que ahora se podrán reconciliar?

2. Cuando piensa en Luis, Raquel recuerda el momento en que
   a. _____ se conocieron en una fiesta
   b. _____ Luis le dijo que se iba a Nueva York
   c. _____ se besaron por primera vez

3. En la agencia de viajes, Arturo
   a. _____ sólo hizo las reservaciones; no compró los billetes
   b. _____ lo arregló todo, sin haber hablado con Raquel
   c. _____ llamó a Raquel al hotel para consultarla

4. En la agencia de viajes, Luis
   a. _____ sólo hizo las reservaciones; no compró los billetes
   b. _____ lo arregló todo, sin haber hablado con Raquel
   c. _____ llamó a Raquel al hotel para consultarla

Para pensar…

Arturo y Luis (y también Raquel) han ido a la misma agencia de viajes, pero no hicieron la misma cosa. ¿Qué diferencias de su personalidad revelan las acciones de Arturo y Luis en esta situación? ¿Cómo crees que Raquel va a reaccionar cuando sepa lo que los dos han hecho?

---

5. Hoy Ángela, Roberto y Arturo piensan
   a. _____ hacer una gira por México
   b. _____ ir a Guadalajara a conocer a don Fernando
   c. _____ hablar más del asunto del apartamento

Una promesa y una sonrisa

Preparación

Actividad.

¿Cuánto recuerdas de lo que pasó en el episodio previo? Contesta las preguntas.

1. ¿Quién llamó a Raquel por la noche después de cenar con Arturo y Luis?
2. ¿Qué quería esa persona? ¿Quería ver a Raquel o sólo quería hablar con ella por teléfono?

3. ¿Qué le prometió Raquel a esa persona?
   a. _____ Reunirse con él en cinco minutos.
   b. _____ Verla* al día siguiente.

4. ¿Quién fue a la agencia de viajes para pedir información, Arturo o Luis? ¿Y cuál de los dos compró pasajes para dos a un lugar romántico?

5. ¿Sabe Raquel algo de lo que pasó en la agencia de viajes?

Para pensar...

En el episodio previo, Raquel recordó una conversación que tuvo con Luis hace unos años. ¿Recuerdas de qué hablaron en esa conversación? ¿Qué noticias le dio Luis a Raquel en aquel entonces?

Para pensar...

Al final del episodio previo, Ángela llamó a Puerto Rico, al apartamento de Jorge, su novio. Para su gran sorpresa, una mujer contestó el teléfono. ¿Quién era esa mujer? ¿Crees que por fin Ángela va a comprender por qué a los demás no les gusta Jorge?

AFTER VIEWING . . .

¿Tienes buena memoria?

Actividad.

¿Qué pasó en el episodio? Indica si las siguientes oraciones son ciertas (**C**) o falsas (**F**).

Raquel y Luis

C   F   1. Luis sorprendió a Raquel con dos boletos para un viaje romántico a Zihuatanejo.

C   F   2. Raquel mostró mucho interés en el viaje que le propuso Luis.

Ángela, Roberto y Arturo

C   F   3. Ángela se enfadó con Jorge porque había una mujer en el apartamento de él.

C   F   4. Roberto llevó a su hermana y a su tío a ver un poco la Ciudad de México.

C   F   5. Al volver los tres al hotel, fueron con Raquel a La Gavia a ver a don Fernando, quien había regresado de Guadalajara.

---

*La is used as the object pronoun because the grammatical referent is **persona**.

La familia Castillo

C   F   6. Para el final del episodio, Gloria todavía no había regresado.

C   F   7. Los niños de Carlos no saben bien lo que pasa con su mamá. (¡OJO! Piensa también en los episodios previos.)

C   F   8. Cuando Juan se levantó, vio que Pati estaba por salir. Se abrazaron y después ella se fue a dar unas clases.

C   F   9. Al hojear una revista, Juan encontró un anuncio para un hotel. Se le ocurrió que él y Pati deberían pasar unas vacaciones juntos.

C   F   10. Ramón le dijo a la agente de bienes raíces que la nueva oferta de su cliente estadounidense no le interesa a la familia.

Para pensar...

1. Como sabes, cuando Luis le dio a Raquel los pasajes para el viaje de vacaciones con él, ella se molestó. ¿Qué piensas de la reacción de ella? ¿Crees que tenía razón o que debería haber reaccionado de otra manera? ¿Cómo va a influir este incidente en lo que Raquel le va a decir a su mamá?

2. Ahora que has visto este episodio, ¿puedes explicar el significado del título, «Una promesa y una sonrisa»? ¿Significa lo que tú creías que significaba antes de ver el episodio?

¡Estoy harta!

AFTER VIEWING . . .

reparación

Actividad.

Contesta las siguientes preguntas según lo que recuerdas del episodio previo.

1. ¿Quiénes fueron a conocer la Ciudad de México?
   a. _____ Arturo, Raquel y Ángela
   b. _____ Ángela, Arturo y Roberto
   c. _____ Raquel, Luis y Arturo

2. ¿Con qué sorprendió Luis a Raquel?
   a. _____ con su plan de mudarse a Los Ángeles
   b. _____ con su plan de casarse con ella lo antes posible
   c. _____ con su plan de pasar el fin de semana con ella en Zihuatanejo

3. ¿Qué pasó con don Fernando?
   a. _____ El especialista lo autorizó a volver a su casa.
   b. _____ El especialista quería hacerle otros exámenes.
   c. _____ Su condición mejoró muchísimo.

4. ¿Qué pasó con Gloria?
   a. _____ Regresó a casa por fin.
   b. _____ La seguían esperando todos.
   c. _____ Llamó para decir que regresaría pronto.

Para pensar...

1. En este episodio, Juan va al teatro donde Pati está ensayando con los actores. ¿Qué le va a decir Juan a ella? ¿Crees que él ha llegado a una conclusión sobre lo que él debería hacer?
2. También en este episodio, los padres de Raquel llegan a México. ¿Cuál ha sido la actitud de María, la madre de Raquel, hacia Arturo hasta ahora? (Recuerda que Raquel le ha hablado por teléfono varias veces.) ¿Crees que su actitud será igual cuando María y Arturo se conozcan por fin? ¿Y qué le va a decir Raquel a su madre en cuanto al viaje de Luis a México?

AFTER VIEWING . . .

¿Tienes buena memoria?

Actividad A.   ¿Qué pasó en el episodio?

Indica si las siguientes oraciones son ciertas (**C**) o falsas (**F**).

Raquel

C   F   1. Raquel se enteró de que Luis es la causa de su situación difícil.
C   F   2. Raquel y su madre se enojaron la una con la otra.
C   F   3. Arturo habló con Raquel sobre un viaje a Cozumel, posiblemente con sus padres.
C   F   4. De momento, Raquel piensa que Luis es más considerado que Arturo.

Ángela y Roberto

C   F   5. No tenían ningún interés en las relaciones entre Arturo y Raquel.
C   F   6. Bajaron para ir a cenar con los padres de Raquel y los demás.

La familia Castillo

C   F   7. Las noticias sobre la salud de don Fernando eran buenas.
C   F   8. Juan decidió regresar a México sin Pati.
C   F   9. Gloria todavía no ha vuelto a casa.
C   F 10. Don Fernando regresará a La Gavia mañana.

Actividad B. Raquel y su madre

Ésta es una parte de la conversación que Raquel tuvo con su madre en la habitación de sus padres, pero faltan algunas frases. ¿Puedes completar la conversación?

1. yo soy el problema / sí, todo es mi culpa
2. lo que tú le dijiste a / lo que hiciste con
3. Lo insultaste. / No le hablaste.
4. Para mí, es un extraño. / Para mí, no es nadie.
5. quién puede ser algún día / quién es para mí

RAQUEL: El verdadero problema que tengo eres tú.

MADRE: Ah, _____.[1] Mira, ¡yo no vine de tan lejos para que mi propia hija me insultara!

RAQUEL: ¿Que yo te insulto? ¿Y qué fue _____[2] Arturo?

MADRE: No comprendo.

RAQUEL: ¿No comprendes? ¡Te portaste muy grosera con él! _____.[3] Actuaste como si fuera un extraño, como si fuera nadie.

MADRE: _____.[4]

RAQUEL: ¡No importa quién es Arturo para ti! Lo que importa es _____.[5] Arturo es mi amigo, e insultarlo a él es como insultarme a mí.

Más allá del episodio: Raquel y su madre

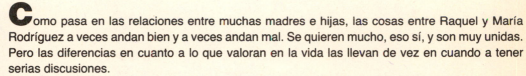

Como pasa en las relaciones entre muchas madres e hijas, las cosas entre Raquel y María Rodríguez a veces andan bien y a veces andan mal. Se quieren mucho, eso sí, y son muy unidas. Pero las diferencias en cuanto a lo que valoran en la vida las llevan de vez en cuando a tener serias discusiones.

No hay que olvidar que son de dos generaciones distintas y que fueron educadas en forma diferente. Como resultado, tienen personalidades muy distintas.

Raquel es una mujer moderna cuyo[1] concepto del mundo se formó de acuerdo con los valores de la sociedad mayoritaria de los Estados Unidos. Es muy inteligente y ha tenido buena formación[2] profesional. Precisamente por su profesión, sabe tratar a la gente cortésmente y, lo que es más, sabe obtener lo que quiere de los otros, a veces sin que éstos se den cuenta de ello. Esta sutileza[3] en su trato con los demás le ha ayudado mucho a Raquel en su vida profesional.

María, en cambio, es una mujer cuyas ideas se formaron en la cuna[4] de la familia mexicana tradicional. Sus padres se fueron de México durante la Revolución, pero llevaron consigo[5] todo un sistema de valores. Por eso, los valores de María son muy diferentes de los de Raquel; sus principios son más bien los de la cultura mexicana, los de la generación anterior.[6]

Podría describirse[7] bien la personalidad de María con dos palabras: dominante y cabezona. Es decir, a María le gusta mandar a los demás, hacer que hagan lo que ella quiere. «Flexible» no es una palabra que describa a María. Cuando se le mete una idea en la cabeza o se forma una opinión, no hay manera de hacerla cambiar de opinión. «Me equivoqué» es algo que María jamás ha dicho en la vida.

Para María, Raquel es lo primero. Y Raquel también quiere muchísimo a su mamá. Pero eso no significa que no tengan discusiones… y con cierta frecuencia.

[1]*whose* [2]*training* [3]*subtlety* [4]*cradle* [5]*with them* [6]*previous* [7]*be described*

Un incidente en particular demuestra la clase de relaciones que han existido entre María y Raquel. A los dieciséis años, Raquel se preparaba para su primer baile de etiqueta[8] en la escuela secundaria. A la hora de buscar un vestido, María la llevó a un almacén en el centro de Los Ángeles. Mientras Raquel miraba unos vestidos, María miraba otros en otra parte del almacén.

Pronto Raquel encontró el vestido que más le gustaba. Era de color rosa, con pequeñas flores de seda y un tanto sexy. Cuando iba a mostrárselo a María, ésta llegó con el vestido que había encontrado. «¡Mira!», exclamó. «Éste es el vestido para ti. Parece hecho para ti.» Era un vestido azul, sencillo y de estilo muy conservador, serio. Cuando Raquel le mostró el que ella había encontrado, su mamá le dijo, sin detenerse[9] a mirarlo. «Éste que he encontrado yo es más bonito. Anda. Pruébatelo.[10]»

Raquel se probó los dos vestidos. Aunque le encantaba el vestido color rosa, dio la casualidad que le quedaba un poco grande. El azul le quedaba como un guante.[11] «¿Ves?» dijo María. «¿No te dije yo que era perfecto para ti?» La empleada les dijo que podrían arreglar el vestido rosa dentro de unos días si querían. Por un momento Raquel tenía esperanzas. Pero María no le dio ninguna oportunidad de hablar. «No», le dijo a la empleada. «Nos llevamos el azul.» Y así fue.

Quizá te parezca que el incidente del vestido tenga poca importancia. Pero demuestra cómo se fue desarrollando la manera en que María y Raquel se han relacionado a lo largo de los años. Sus relaciones no han cambiado mucho. Y ahora, no se trata de un vestido, sino[12] de un novio…

---

[8]de… *formal* [9]*stopping* [10]*Try it on.* [11]*glove* [12]*but rather*

46

Las empanadas

reparación

Actividad A.

Completa las siguientes oraciones según lo que recuerdas del episodio previo.

1. En el episodio previo, Arturo le sugirió a Raquel que
   a. _____ fuera a Buenos Aires con él
   b. _____ ellos fueran a Cozumel con sus padres
   c. _____ invitaran a sus padres a cenar

2. Raquel estaba muy impresionada por
   a. _____ el interés que Arturo mostraba en sus padres
   b. _____ la fineza de Arturo al elegir un lugar tan bonito para su fin de semana
   c. _____ el interés que Arturo tenía en ella

3. En el hospital de Guadalajara, le dieron de alta a don Fernando,
   a. _____ pero su estado de salud no era bueno
   b. _____ porque su estado de salud había mejorado mucho
   c. _____ pero él no quería volver a La Gavia

4. Juan le dijo a Pati que había decidido volver a México y que
   a. _____ ella tenía que volver con él
   b. _____ ella tenía que elegir entre su carrera y su esposo
   c. _____ entendía por fin por qué ella tuvo que volver a Nueva York

5. Gloria volvió a casa de Ramón, y Carlos
   a. _____ se enojó mucho con ella
   b. _____ le dijo que era hora de hablar seriamente
   c. _____ le dijo que esta vez no pagaría sus deudas

Actividad B.

¿Cuánto recuerdas de la llegada de los padres de Raquel? Indica solamente las oraciones que la describan.

1. _____ Raquel y sus padres conversaban en la habitación de Raquel cuando llegaron Ángela, Roberto y Arturo.
2. _____ Arturo actuó muy fríamente con sus padres.
3. _____ Cuando llegó Luis, la madre de Raquel ni lo saludó.
4. _____ Raquel se enojó con su madre y fue a su habitación para hablarle de su conducta.
5. _____ Arturo se sentía apenado; no quería intervenir entre Raquel y sus padres.
6. _____ Luis sospecha que Raquel está enamorada de Arturo.

¿Puedes modificar las oraciones que no indicaste para que sean verdaderas?

Para pensar...

¿Recuerdas cómo reaccionó Arturo ante la conducta de María Rodríguez? En su lugar, ¿cómo te sentirías tú? ¿Te sentirías como ella? ¿Qué harías tú si fueras Arturo? ¿Buscarías a los padres de Raquel para hablar con ellos? ¿Tratarías de hablar primero con Raquel?

Para comprender un poco más...

fastidiar   A veces los niños **fastidian** a sus padres, sobre todo cuando hacen muchas preguntas... sólo por preguntar.

AFTER VIEWING . . .

¿**T**ienes buena memoria?

Actividad A.   Raquel: Discusión, confesión

Hoy ha sido un día difícil e importante para Raquel. ¿Puedes completar el siguiente resumen de su repaso?

1. Le había hecho
   Le había comprado
2. disculparse con su hija
   empezar una conversación seria
3. cenar con ellos la otra noche
   venir a México
4. de las relaciones entre Raquel y Arturo
   del impacto que tuvo la investigación en la carrera de Raquel
5. Raquel se casara con Arturo
   Raquel se fuera a vivir a la Argentina
6. una llamada de Luis
   un mensaje de Luis
7. no lo quiere ver más en su vida
   sí está enamorada de Arturo

Esta mañana, la madre de Raquel vino a verla a su habitación. _____[1] unas empanadas. Esto fue como una señal para Raquel porque su madre las usaba para _____.[2]

Mientras comían las empanadas, María le explicó a Raquel por qué había invitado a Luis a _____.[3] En realidad lo hizo porque tenía miedo _____.[4] No quería que _____.[5]

María no debía de haberse preocupado. Raquel no quiere irse a vivir a la Argentina, pero todavía no ha hablado con Arturo de todo esto.

Al bajar a la recepción con su madre, Raquel recibió _____.[6] Él ha regresado a Los Ángeles. Para Raquel, es mejor así porque ahora no le tiene que decir que _____.[7]

Para pensar...

Raquel ha dicho algo muy importante al final de este episodio: «Estoy enamorada de Arturo.» Ahora ella tiene que tomar una decisión, ¿no? O, tal vez, varias decisiones. ¿Cuáles son las alternativas que tiene? ¿Qué harías tú si fueras ella?

Actividad B.   Las otras actividades

Mientras Raquel iba resolviendo algunos de sus problemas, los asuntos de los otros personajes también se iban resolviendo. Describe cómo, haciendo oraciones completas con una frase de cada grupo.

1. _____ Ángela y Roberto decidieron que
2. _____ El padre de Raquel le dijo a Arturo
3. _____ Mientras paseaba con su esposo y su hija, María
4. _____ Por fin don Fernando
5. _____ Los otros miembros de la familia Castillo
6. _____ Al comentar con sus hermanos la posible venta de La Gavia, Mercedes les
7. _____ Raquel, Arturo y sus sobrinos

a. pudo regresar a La Gavia
b. que su esposa cambiaría... a su manera
c. llegaron a la hacienda también
d. dijo que tenía una idea
e. llegaron a La Gavia y conocieron a todos los de la familia
f. no iban a vender el apartamento por el momento
g. caminaba y hablaba muy amigablemente con Arturo

Actividad C.   Dos conversaciones muy importantes

En este episodio, el padre de Raquel le ofrece un consejo al amigo de su hija. Al mismo tiempo, la madre de Raquel está hablando con su hija. Di si estás de acuerdo (**Sí**) o no (**No**) con las siguientes oraciones.

Sí   No   1. A Pancho le gusta mucho Arturo.
Sí   No   2. Parece que el padre de Raquel comprende bien a las personas.
Sí   No   3. Es dudoso que Arturo se sintiera aliviado después de hablar con Pancho.
Sí   No   4. Pancho quiere que Arturo y su esposa se lleven bien.
Sí   No   5. Ésta es la primera vez que Raquel y su madre han tenido una conversación seria.
Sí   No   6. Es probable que Raquel se mude a la Argentina.
Sí   No   7. Raquel siente que Luis se haya ido.
Sí   No   8. La madre de Raquel se va a portar mejor con Arturo en el futuro.

Más allá del episodio: Raquel y su padre

Pancho, el padre de Raquel, tiene un carácter muy distinto del de su esposa. Es un hombre muy práctico y sabe aceptar la vida como viene. No le agradan[1] las discusiones y particularmente le molesta cuando ocurran en casa. Cuando madre e hija discuten, Pancho trata de calmarlas sin tomar ningún partido.[2] Prefiere que la tormenta[3] se disipe antes de dar su opinión.

Pancho sabe que su esposa es muy dominante, pero la respeta mucho por su fuerza de voluntad y su espíritu de hierro.[4] Para él, como para el resto de la familia, María ha sido un apoyo muy fuerte en los momentos difíciles. Por su parte, Pancho representa el sentido común y la serenidad. En este sentido María y Pancho hacen una buena pareja.

Pancho también ha sido siempre el conciliador de la casa. Por eso intenta que su esposa comprenda que Raquel ya es toda una mujer, y que tiene derecho a organizar su vida como quiera. «Debes de moderar esa tendencia que tienes de proteger a Raquel. Ya no es una niña.» le repite con frecuencia. María está de acuerdo y asiente en silencio, pero... al poco tiempo lo olvida y vuelve a hacer lo mismo.

[1]No... No le gustan   [2]side   [3]tempest, storm   [4]espíritu... iron will

Raquel quiere mucho a su madre,
pero sus relaciones con su padre
son muy especiales.

Entre Pancho y Raquel ha existido siempre una relación muy cariñosa y afectuosa. Padre e hija siempre se han llevado muy bien. Para Raquel su padre es un buen amigo, y le gusta contarle todo lo que le pasa y compartir con él sus problemas y alegrías. La visión realista y pragmática de Pancho le ha servido de gran ayuda a Raquel. Por eso, para ella es importante contar con[5] la opinión de su padre. Por su parte, Pancho ha sido con frecuencia el mediador entre madre e hija, un papel que no siempre le ha sido fácil desempeñar. El mantener buenas relaciones con las dos mujeres en medio de esas crisis familiares, a lo largo de tantos años le ha costado mucho trabajo a veces, pero casi siempre lo ha podido conseguir.

[5]contar... *to have available to her*

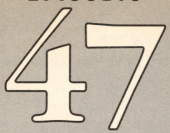

Tengo dudas

BEFORE VIEWING . . .

Preparación

Actividad.
Completa el siguiente resumen del episodio previo con las palabras y frases apropiadas.

1. iban a poder curar a
   ya no había nada que hacer para
2. pasar sus últimos días con su familia
   pasarlo bien con sus nietos
3. Tampoco le caía muy bien a Pancho
   Le caía muy bien a Pancho
4. se fuera a vivir a la Argentina
   nunca más volviera a Los Ángeles

5. caerle bien a Arturo
   conocer a Arturo
6. venderlo al regresar a San Juan
   no venderlo por el momento
7. conocer a su abuelo paterno
   hablar de la venta de La Gavia

En Guadalajara, el médico le dijo a Mercedes que _____¹ don Fernando. Por eso le dieron de alta. Don Fernando sabía que regresaba a La Gavia para _____.²

Mientras tanto, Arturo pudo hablar con Pancho, el padre de Raquel. _____,³ quien le dio un consejo sobre María, la madre de Raquel. Al mismo tiempo que hablaban los dos hombres, Raquel y su madre también estaban conversando. María pudo confesarle a su hija que temía que _____.⁴ Más tarde, todos dieron un paseo juntos y María empezó a _____.⁵

Cuando Ángela y Roberto hablaron del apartamento, decidieron _____.⁶ Por la tarde, fueron a La Gavia con Arturo y Raquel para _____.⁷

Para pensar...

1. Al final del episodio previo, Ángela y Roberto entraron al cuarto de don Fernando. ¿Qué les va a decir su abuelo? Si tú fueras uno de sus nietos, ¿qué le querrías decir a don Fernando?
2. ¿Crees que los otros miembros de la familia tendrán dificultades en aceptar a Ángela y Roberto?

Para comprender un poco más

el orfanato   Cuando los padres de un niño se mueren, éste generalmente va a vivir con otros parientes. Cuando eso no es posible, mandan al niño a **un orfanato**, donde vive con otros huérfanos como él.

AFTER VIEWING . . .

¿**T**ienes buena memoria?

Actividad A.   ¿Qué pasó con Raquel?

¿Puedes poner en orden cronológico los siguientes acontecimientos en que Raquel participó en este episodio?

a. _____ Arturo le contestó que él se iría a vivir a Los Ángeles.
b. _____ Raquel le dijo a Arturo que no podía irse a vivir a la Argentina.
c. _____ Hubo un encuentro emocionante entre don Fernando, Ángela, Roberto y Arturo.
d. _____ Raquel les dejó un mensaje a sus padres para decirles que no regresaba al hotel esta noche.

e. _____ Durante el paseo, Arturo le quería hablar de algo importante.

f. _____ Les dijo que iba a quedarse en La Gavia para cenar con la familia.

g. _____ Arturo y Raquel salieron a dar un paseo.

Para pensar...

Arturo le ha dicho a Raquel que está dispuesto a irse a vivir a Los Ángeles. Raquel le dice que debería pensarlo más, pero él no quiere. «Quiero actuar», le ha dicho a Raquel. ¿Crees que es una buena decisión? ¿Qué harías si tú fueras Raquel? ¿Y cómo van a reaccionar los padres de Raquel?

Actividad B.   ¿Y la familia Castillo?

Completa las siguientes oraciones para describir lo que pasó con los miembros de la familia Castillo en este episodio.

1. Al llegar a La Gavia, don Fernando
   a. _____ podía pasar un poco de tiempo con Arturo y sus nietos
   b. _____ estaba tan enfermo que no podía hablar con nadie

2. Los hermanos le dijeron a Carlos que
   a. _____ el problema de la oficina de Miami ya se había solucionado
   b. _____ no podían salvar la oficina en Miami

3. Mercedes les propuso a todos que
   a. _____ convirtieran La Gavia en un orfanato
   b. _____ vendieran la hacienda lo más pronto posible

4. Carlos le confesó a Arturo
   a. _____ su sentido de culpabilidad por lo de la oficina en Miami
   b. _____ lo del problema de Gloria

5. Roberto y Ángela discutieron sobre
   a. _____ el apartamento, otra vez
   b. _____ Jorge y sus relaciones con Ángela

6. Al final del episodio, don Fernando sorprendió a todos cuando les dijo que
   a. _____ él era culpable de la muerte de Rosario
   b. _____ tenía grandes dudas sobre la identidad de Ángela y Roberto

---

Para pensar...

¿Por qué tendrá don Fernando dudas? ¿Qué más podrán hacer Raquel y los demás para demostrarle que Ángela y Roberto son verdaderamente sus nietos?

Así fue (I)

Preparación

No es necesario hacer nada especial antes de ver el **Episodio 48**. Todo lo que ocurre lo has visto varias veces, pues son escenas de la investigación de Raquel en España. Raquel les va a contar a don Fernando y los demás lo que le pasó en esta parte de su viaje.

Antes de ver el episodio, piensa en todos los episodios que has visto y escuchado hasta ahora. ¿Te es más fácil ahora entender lo que dicen los personajes cuando hablan? ¿Captas más detalles ahora que antes? Es probable que entiendas mucho más ahora en comparación con lo que pudiste comprender cuando miraste los episodios por primera vez.

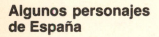

Para pensar…

En tu opinión, ¿quiénes son los personajes más importantes de la investigación de Raquel en España? Cuando piensas tú en el viaje de Raquel a España, ¿a quién(es) recuerdas inmediatamente? ¿Qué acontecimientos o información son de gran importancia para su investigación?

Algunos personajes de España

AFTER VIEWING . . .

Repaso de los episodios 3–11

Actividad.   Lo que pasó en España

Paso 1
De los siguientes acontecimientos, ¿cuáles son los que Raquel les menciona a los demás?

1. _____ su llegada al hotel en Sevilla
2. _____ cómo fue que no encontró a la Sra. Suárez en la calle Pureza
3. _____ su visita a una iglesia en el barrio de Triana
4. _____ cómo y dónde conoció a Elena Ramírez
5. _____ su conversación con Miguel Ruiz, hijo de Teresa Suárez
6. _____ el tiempo que pasó con la familia Ruiz y su aventura con Jaime y Osito, el nuevo perro del niño, cuando se perdieron en las calles del barrio de Santa Cruz
7. _____ cómo y dónde conoció a Alfredo Sánchez, el reportero
8. _____ el interés de Alfredo en el caso de don Fernando
9. _____ cómo perdió y luego recuperó su cartera
10. _____ la confusión de Alfredo sobre la maestra de Sevilla que había ganado un premio de la lotería
11. _____ cómo y dónde conoció a Federico Ruiz y luego a la Sra. Suárez
12. _____ la conversación que tuvo con Teresa Suárez
13. _____ la cena que tuvo con Federico y Teresa Suárez en su apartamento
14. _____ cómo y dónde se despidió de la Sra. Suárez
15. _____ su visita al Museo del Prado
16. _____ su llamada a Elena Ramírez para pedirle que le consiguiera el certificado de nacimiento de Ángel Castillo

Paso 2

¿Puedes explicar por qué Raquel omitió algunos acontecimientos? En tu opinión, ¿debería haberlos incluido en la narración que le hizo a don Fernando? ¿Por qué sí o por qué no?

Así fue (II)

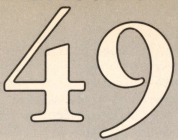

BEFORE VIEWING . . .

Preparación

En este episodio, Raquel sigue contándoles a don Fernando y los demás de su investigación. Ahora les va a decir lo que pasó cuando estaba en Buenos Aires, Argentina.

Para pensar...

Seguramente que Raquel les va a hablar de la muerte de Rosario y de cómo llegó a saber del paradero de Ángel. ¿Crees tú que también les va a hablar de sus relaciones con Arturo? Ya sabes que Ángela está al tanto de todo (*knows all about it*), pero ¿crees que los demás se han dado cuenta de los sentimientos entre Raquel y Arturo?

AFTER VIEWING . . .

Repaso de los episodios 12–18

Actividad.   ¿Quién la ayudó?

Paso 1

En la Argentina, varios personajes hicieron algo para ayudar a Raquel en su investigación.
¿Puedes encontrar el nombre de la persona que la ayudó con lo siguiente?

a. José	d. Cirilo	g. el vendedor de
b. Arturo	e. Mario	pescado
c. Héctor	f. doña Flora	

1. _____ Le dijo a Raquel que Rosario ya había muerto.
2. _____ Le dio a Raquel información sobre dónde podía encontrar a Rosario y su hijo en Buenos Aires.
3. _____ Conocía a Héctor y les dijo a Raquel y Arturo que era posible que Héctor conociera a Ángel.
4. _____ Les dijo dónde podían encontrar a Héctor.
5. _____ Quiso ayudar a Raquel en su búsqueda.
6. _____ Reconoció al joven de la foto, Ángel a los veinte años.
7. _____ Tenía una carta con la dirección de Ángel en Puerto Rico.
8. _____ Pensó en José y habló con su esposa, doña Flora, para averiguar dónde podían encontrar a José esa tarde.

Paso 2

Mira otra vez las fotos en **Preparación**. No todos los personajes que ves allí figuran en el **Paso 1**. ¿Los mencionó Raquel en su narración?

Paso 3

Lee otra vez la sección **Para pensar**... en **Preparación**. ¿Tenías razón al contestar las preguntas? ¿Habló Raquel de sus relaciones con Arturo? ¿Por qué no?

Así fue (III)

Preparación

En este episodio, Raquel sigue contándoles a don Fernando y los demás los incidentes de su investigación. Ahora les va a decir lo que pasó cuando fue a Puerto Rico.

Para pensar...

Ya tienes una idea, más o menos, del tipo de información que Raquel está incluyendo en su narración para la familia Castillo. Piensa en lo que sucedió en Puerto Rico. ¿Qué incidentes o detalles crees que Raquel incluirá y qué omitirá en la narración de este episodio? ¿Qué omitirías tú y qué incluirías?

**Algunos personajes
de Puerto Rico**

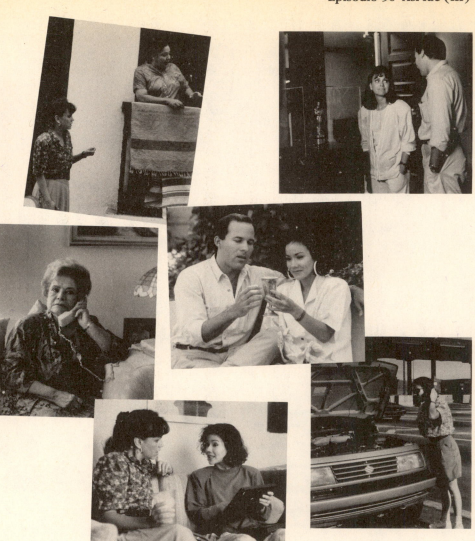

AFTER VIEWING . . .

Repaso de los episodios 19–26

Actividad.   ¿Qué pasó en Puerto Rico?

Paso 1

Contesta las siguientes preguntas sobre los acontecimientos en Puerto Rico.

1.   ¿Cómo se enteró Raquel de la muerte de Ángel? ¿Se lo dijo alguien o encontró la tumba por casualidad mientras visitaba el cementerio?

2.   ¿Cuándo supo Raquel que Ángela tenía un hermano? ¿cuando hablaban en el apartamento de Ángela, antes de la llegada de los tíos, o cuando los tíos hablaban con ella?

3.   ¿Sabían los tíos algo del pasado de Ángel? ¿O fue la primera vez que oían los nombres de Rosario y don Fernando?

4. Los tíos pensaron que era importante que Ángela hablara con alguien. ¿Con quién? ¿Con la abuela de Ángela o con su hermano?

5. Camino a San Germán, Ángela, Raquel y Laura tuvieron problemas con el carro. ¿Pudieron llegar a San Germán esa noche o tuvieron que quedarse en Ponce?

6. En casa de la abuela, ésta le recordó a Ángela que había algo relacionado con su padre que Ángela no había hecho. ¿A qué se refería la abuela, a limpiar el cuarto de Ángel o a leer su testamento?

7. ¿Qué encontraron Ángela y Raquel entre las cosas de Ángel, unas fotos de su familia en Buenos Aires o unos dibujos que él había hecho con recuerdos de su pasado?

8. ¿Qué pasó justo cuando Raquel y Ángela salían para el aeropuerto? ¿Se pelearon o recibieron noticias importantes?

Paso 2

¿Qué partes de lo que le pasó en Puerto Rico omitió Raquel en su narración? Haz una lista de los personajes y situaciones omitidos.

Para pensar...

¿Notaste que Raquel no mencionó nada de Jorge, el novio de Ángela? ¿Por qué todavía no le ha dicho nada de lo que le pasó con Jorge en San Juan?

Así fue (IV)

BEFORE VIEWING . . .

Preparación

En este episodio Raquel concluye la narración de los incidentes de su investigación. Va a contarle a don Fernando lo que le ha pasado hasta ahora en México. ¿Hasta qué punto llega la narración de Raquel? ¿Cuáles son los acontecimientos más importantes para el caso?

**Algunos personajes
de México**

AFTER VIEWING . . .

Repaso de los episodios 27–36

Actividad   En el sitio de la excavación

Paso 1
Pon en orden cronológico (del 1 al 10) los siguientes sucesos.

a. _____ Se derrumbó todo otra vez.

b. _____ Por fin Raquel pudo dejarle un mensaje a Arturo en el hotel.

c. _____ Fueron al hospital para ver si Roberto era uno de los accidentados.

d. _____ Ángela se puso histérica y el médico le dio un calmante.

e. _____ Raquel y Ángela llegaron por primera vez al sitio de la excavación.

f. _____ Sacaron a varias personas de la excavación, pero ninguna era Roberto.

g. _____ Raquel y Ángela se fueron a la capital y en el camino por poco chocan con un camión blanco.

h. _____ Rescataron a Roberto y lo llevaron a México.

i. _____ Allí conocieron a un padre, quien les ayudó mucho durante su estancia en el pueblo.

j. _____ Conocieron a la hermana María Teresa, quien les dio donde descansar y refrescarse.

Paso 2
Imagina que eres don Fernando y que Raquel acaba de resumirte su investigación. ¿Estás satisfecho ahora con lo que ella ha dicho? ¿Todavía tienes dudas?

Siempre lo amó

Preparación

Actividad.

En los **Episodios 48–51** de *Destinos*, has escuchado la narración de Raquel para don Fernando y no hubo información nueva. En este episodio la historia sigue. ¿Te acuerdas de lo que pasó en el **Episodio 47**? Completa las siguientes oraciones.

1. Ángela y Roberto por fin conocieron
   a. _____ al médico de don Fernando
   b. _____ a don Fernando

2. Raquel decidió quedarse en La Gavia esa noche porque
   a. _____ había una gran cena y todos querían que se quedara
   b. _____ no quería ver a sus padres

3. Mientras Arturo y Raquel daban un paseo en la hacienda, Arturo le pidió a
    Raquel que
    a. _____ se fuera a vivir a Buenos Aires con él
    b. _____ hablara con la madre de ella sobre él

4. Al oír la respuesta negativa de Raquel, Arturo le dijo que
    a. _____ él se iría a vivir a Los Ángeles
    b. _____ entendía por qué ella no quería hablar con su madre

5. Durante la cena, todos se sorprendieron cuando don Fernando se presentó y dijo
    que
    a. _____ tenía dudas sobre la identidad de Ángel y Arturo
    b. _____ tenía dudas sobre la identidad de Ángela y Roberto

Para pensar...

Don Fernando los sorprendió a todos cuando les
dijo que tenía grandes dudas. ¿Qué otra(s) prueba(s)
quiere? ¿Qué pueden hacer o decir Ángela y Roberto
para que él esté seguro de su identidad?

AFTER VIEWING . . .

¿Tienes buena memoria?

Actividad.   En el episodio final
¿Puedes tú contar lo que pasó en el episodio final? Completa esta breve narración.

Arturo y ella se miraban
hace años había establecido una fundación para hacer precisamente eso
tenía que irse a Buenos Aires
encontró otra copa igual
siempre lo amó
allí estaba su vida y allí tenía su carrera
don Fernando llegó y les dijo a todos que La Gavia no estaba en venta
tenía que ir a Los Ángeles
Ángela y Roberto eran sus nietos
administrarían el orfanato
lo que sentía por Arturo era serio
seguramente sería la prueba definitiva
le dio la caja al patriarca

Don Fernando tenía dudas de la identidad de Ángela y Roberto, y quería estar seguro
de que eran sus nietos. Raquel le recordó a Ángela lo de la copa de bodas de Rosario, que
_____.

Al día siguiente, llegó la agente de bienes raíces. El deseo de su cliente de comprar La Gavia no fue realizado, porque _____. Entonces Mercedes reveló su plan para fundar un orfanato en la hacienda. Todos quedaron sorprendidos cuando don Fernando reveló que _____. Según don Fernando, Carlos y Mercedes _____. Juan debería regresar a Nueva York, porque _____.

Más tarde, en el cuarto de don Fernando, cuando todos estaban presentes, Ángela _____. Cuando don Fernando la abrió, se puso muy emocionado. Entonces le pidió a Mercedes que le diera a Ángela una caja que él tenía allí en su cuarto, en un armario. Cuando Ángela la abrió, _____. Así ya no había dudas: _____.

Raquel y Arturo se despidieron de don Fernando y estaban para salir. Pero el patriarca quería hablar con Raquel a solas. Le dijo que no se le había escapado cómo _____. Raquel le confesó que _____. Entonces don Fernando le dio unos consejos: o ella _____ o él _____, que no debían perder un amor verdadero. Se abrazaron una vez más.

Antes de salir, Raquel se volvió y le dijo a don Fernando que Rosario nunca dejó de pensar en él, que _____. Con las dos copas reunidas, don Fernando se quedó en su cuarto a solas, pensando en el día en que, hace años, en un país lejano, dos jóvenes españoles las habían usado para celebrar el día de su boda.

Cinco años después

Imagina que han pasado cinco años desde ese día en que Raquel se despidió de don Fernando. ¿Qué ha pasado? ¿En qué situación o condición están los varios personajes? ¿Qué ha pasado entre Arturo y Raquel, Juan y Pati, Carlos y Gloria y los demás? ¿Qué le ha pasado a don Fernando? ¿Y La Gavia? ¿Todavía pertenece a la familia Castillo? ¿Quién(es) vive(n) allí ahora?

Escribe una breve composición (100–200 palabras) con este título: «*Destinos*: Cinco años después».

SPANISH-ENGLISH VOCABULARY

The Spanish-English Vocabulary contains all the words that appear in the Student Viewer's Handbook with the following exceptions: (1) most close or identical cognates; (2) most conjugated verb forms; (3) diminutives ending in **-ito/a**; (4) absolute superlatives ending in **ísimo/a**; (5) most adverbs ending in **-mente** (if the corresponding adjective is listed); and (6) most vocabulary that is glossed in the Handbook. Only meanings that are used in the Handbook are given. In addition, some vocabulary useful for discussing the story has been included even though it does not appear in the Handbook.

The gender of nouns is indicated, except for masculine nouns ending in **-o** and feminine nouns ending in **-a**. Stem changes and spelling changes are indicated for verbs: **dormir (ue, u)**; **llegar (gu)**; **seguir (i, i) (g)**.

Words beginning with **ch**, **ll**, and **ñ** are found under separate headings, following the letters **c**, **l**, and **n**, respectively. Similarly, **ch**, **ll**, and **ñ** within words follow **c**, **l**, and **n**, respectively. For example, **coche** follows **cóctel**, **calle** follows **calor**, and **añadir** follows **anuncio**.

The following abbreviations are used:

adj.	adjective	*m.*	masculine
adv.	adverb	*Mex.*	Mexico
approx.	approximately	*n.*	noun
Arg.	Argentina	*obj. (of prep.)*	object (of a preposition)
C. Am.	Central America	*pers.*	personal
conj.	conjunction	*pl.*	plural
def. art.	definite article	*poss.*	possessive
d.o.	direct object	*p.p.*	past participle
f.	feminine	*P.R.*	Puerto Rico
fam.	familiar	*prep.*	preposition
form.	formal	*pron.*	pronoun
gram.	grammatical term	*refl. pron.*	reflexive pronoun
inf.	infinitive	*s.*	singular
interj.	interjection	*Sp.*	Spain
inv.	invariable form	*sub. pron.*	subject pronoun
i.o.	indirect object	*U.S.*	United States
irreg.	irregular	*v.*	verb
L.A.	Latin America		

A

a to; at (*with time*); **a bordo** aboard, on board; **a cargo (de)** in charge (of); **a causa de** because of, on account of; **a continuación** following, below, immediately after; **a favor** in favor; **a la(s) ...** at (*hour*); **a menos que** unless; **a nombre de** in the name of; **a pesar de** in spite of; **a punto de** at the point of; about to; **¿a quién?** to whom? **a veces** at times, sometimes; **a ver** let's see, let's have a look

abandonar to abandon

abierto/a (*p.p. of* **abrir**) open(ed)

abogado/a lawyer

abrazarse (c) to embrace

abrir (*p.p.* **abierto/a**) to open

absoluto/a absolute; **en absoluto** (not) at all

abuelo/a grandfather, grandmother, *pl.* grandparents

aburrido/a: ser (*irreg.*), **aburrido/a** to be boring; **estar** (*irreg.*) **aburrido/a** to be bored

acá here

acabar to finish; **acabar de** + *inf.* to have just (*done something*)

accidente *m.* accident

acción *f.* action

acento accent

aceptar to accept

acerca de *prep.* about, concerning

acercarse (qu) (a) to approach, draw near

acompañar to accompany

aconsejar to advise

acontecimiento event

acordarse (ue) (de) to remember

acostar (ue) to put to bed; **acostarse** to go to bed

acostumbrarse (a) to get accustomed to

actitud *f.* attitude

actividad *f.* activity

actor *m.* actor

actriz *f.* (*pl.* **actrices**) actress

actualidad present time; **en la actualidad** at this time, nowadays

actuar to act, perform; **actuarse** to behave

acuerdo agreement; **de acuerdo** OK, I agree; **estar** (*irreg.*) **de acuerdo (con)** to agree, be in agreement (with)

acusar to accuse

adaptar(se) to adapt

además (de) besides, in addition (to)

adicción *f.* addiction

adicto/a addict

adiós good-bye

adjetivo *n.* adjective

administración *f.* administration; **administración de empresas** business administration

administrador(a) administrator

admirar to admire

admitir to admit

adolescente *m., f.* adolescent

adonde where

¿adónde? (to) where?

adorar to adore

aeropuerto airport

afectar to affect

afecto affection

afectuoso/a affectionate

afirmación *f.* affirmation

afortunadamente fortunately

afuera *adv.* outside

agencia agency; **agencia de viajes** travel agency

agente *m., f.* agent; **agente de bienes raíces** real estate agent; **agente de viajes** travel agent

agitado/a upset, worried; shaky; excited

agradable agreeable, pleasant

agradar to be pleasing

agradecer (zc) to thank

agradecido/a grateful

agua *f.* (*but* **el agua**) water; **agua mineral** mineral water

águila *f.* (but **el águila**) eagle

ahí there

ahora now; **ahora mismo** right now; **justo ahora** right now, just now

aire *m.* air

al (*contraction of* **a**+**el**) to the; **al** + *inf.* upon, while, when + *verb form;* **al anochecer** at nightfall, dusk; **al comienzo** at the beginning; **al día siguiente** the next day; **al final** in the end; **al final de** at the end of; **al menos** at least; **al (mes, año, ...)** per (month, year, . . .); **al mismo tiempo** at the same time; **al poco tiempo** shortly after; **al principio** at first, at the beginning; **al terminar ...** when . . . is/was over

alarmado/a alarmed

alcázar *m.* fortress; castle

alegrarse (de) to be glad, happy (about)

alegre happy

alegría happiness; happy nature

alejarse (de) to go far away (from); to separate (from); to draw away, grow apart (from)

algo something, anything

alguien someone; **caerle** (*irreg.*) **bien/mal a alguien** to like (not like), make a good/bad impression on someone; **darle** (*irreg.*) **de alta a alguien** to release someone (*from an institution*); **poner** (*irreg.*) **a alguien a cargo (de)** to put someone in charge (of)

algún, alguno/a some; any; **alguna vez** ever

aliviar to alleviate, relieve

alma *f.* (*but* **el alma**) soul

almacén *m.* department store; storehouse

almorzar (ue) (c) to have lunch

almuerzo lunch

alojado/a *adj.* staying, lodged (*at a hotel*)

alojarse to stay, lodge

alquilado/a rented

alquilar to rent

alta: darle (*irreg.*) **de alta a (alguien)** to release (someone) (*from an institution*)

alternar to alternate

alternativa alternative

altiplano high plateau

altitud *f.* altitude

alto *n.* height; **de alto** in height

alto/a *adj.* tall; high; loud; **clase** (*f.*) **alta** upper class

altura height

allá there

allí there

ama (*f.* [*but* **el ama**]) **de casa** homemaker; housekeeper

amable nice, kind

amar to love

ambición *f.* ambition

ambicioso/a ambitious

ambiente *m.* atmosphere

ambos/as both

ambulancia ambulance

amenaza threat

ameno/a pleasant, agreeable

América Latina Latin America

amigablemente amicably, in a friendly way

amigo/a friend

amistad *f.* friendship

amor *m.* love; **amor a primera vista** love at first sight

anciano/a elderly person

¡anda! *interj.* move it!; go on!

Andalucía Andalusia

andaluz, andaluza (*pl.* **andaluces**) Andalusian

andar (*irreg.*) to walk; to go; **andar bien/mal** to be going well/badly; **andar buscando** to be looking for; **andar en barco** to take a boat ride; **andar en bicicleta** to go for a bicycle ride; **andar en bote** to take a rowboat ride; **andar en mateo** to take a carriage ride

anfibio: animal (*m.*) **anfibio** amphibian

angustia anguish

angustiado/a anguished

animado/a lively, animated, spirited

animal *m.* animal; **animal anfibio** amphibian

anoche last night

anochecer: al anochecer at nightfall, dusk

anónimo/a anonymous; **sociedad** (*f.*) **anónima** incorporated; stock company

ante before, in the presence of; with regard to

anterior previous, preceding

antes *adv.* before, formerly; **antes de** *prep.* before (*in time*); **antes (de) que** *conj.* before; **lo antes posible** as soon as possible

antigüedad *n. f.* antique; **tienda de antigüedades** antique store

antiguo/a former; old, ancient

antropología anthropology

anuncio announcement, advertisement

añadir to add

año year; **hace muchos años** many years ago; **tener** (*irreg.*) **... años** to be . . . years old

aparecer (zc) to appear

aparente apparent

apartamento apartment

apellido surname, last name

apenado/a grieved

apéndice *m.* appendix

apetito appetite

apoyar to support

apoyo support

apreciar to appreciate, esteem

aprender to learn; **aprender a** + *inf.* to learn to (*do something*)

apropiado/a appropriate

aprovechar to take advantage of

aproximadamente approximately

aquel, aquella *adj.* that (*over there*); **aquél, aquélla** *pron.* that one (*over there*)

aquello that, that thing, that fact

aquellos/as *adj.* those (*over there*); **aquéllos/as** *pron.* those (ones) (*over there*)

aquí here

árbol *m.* tree

área *f.* (*but* **el área**) area

argentino/a Argentine

armario closet

arqueología archeology

arqueólogo/a archeologist

arreglar to arrange; to fix

arreglo arrangement

arrojar to indicate, show

arruinado/a ruined

arte *m.* (*but* **las artes**) art; **bellas artes** (*f.*) fine arts

artículo article

artista *m., f.* artist

artístico/a artistic

ascender (ie) to advance

ascensor *m.* elevator

asegurar to assure

asentir (ie, i) to assent, agree

así *adv.* so, thus; that way; therefore, consequently; **así que** *conj.* so, then

asiento seat; breeding ground; site; **asiento de atrás** back seat

asistente/a assistant

asistir (a) to attend

asumir to assume (*responsibilities; command*)

asunto issue, matter

asustar to frighten

ataque *m.* attack; **ataque cardíaco** heart attack

atención *f.* attention; **llamar la atención** to attract attention

atender (ie) to attend to, take care of

atlántico/a Atlantic; **Océano Atlántico** Atlantic Ocean

atracción *f.* attraction; **atracción turística** tourist attraction

atractivo/a *adj.* attractive

atrapado/a trapped

atrás behind

atrasado/a *adj.* late, arriving late

auditor (a) auditor

aun *adv.* even

aún *adv.* still, yet

aunque although

ausencia absence

austral *n. monetary unit of Argentina; adj.* southern

automático/a automatic

automóvil *m.* automobile, car

autopista highway; toll road

autor(a) author

autoridad *f.* authority

autorizar (c) to authorize

aventura adventure

avergonzado/a embarrassed

avería breakdown

averiguar (gü) to find out, ascertain

avión *m.* airplane

¡ay! *interj.* oh!

ayer yesterday

ayuda help, assistance

ayudante *m., f.* assistant

ayudar to help, assist

ayuntamiento city hall

azteca *n., m., f., adj.* Aztec

azul blue

B

bailar to dance

baile *n. m.* dance

bajar to go down(stairs); to bring down (*a fever*)

bajo *prep.* under

bajo/a, *adj.* short (*in height*); low; **clase** (*f.*) **baja** lower class

ballet *m.* ballet

banco bank; bench

bañarse to bathe, take a bath

bar *m.* bar

barba beard

barbacoa barbecue

barbería barber shop

barca boat, barge

barco boat; **andar** (*irreg.*) **en barco** to take a boat ride; **navegar (gu) en barco** to sail

barrera barrier

barrio district; neighborhood

basarse to be based; **basarse en** to base one's ideas or opinions on

bastante enough; a great deal; rather, quite

batalla battle

baúl *m.* trunk
bello/a beautiful; **bellas artes** *f.* fine arts
besar to kiss
beso kiss
bien *adv.* well; **andar** (*irreg.*) **bien** to be going well; **caerle** (*irreg.*) **bien a (alguien)** to like, make a good impression on (someone); **llevarse bien (con)** to get along well (with); **manejar bien** to manage well; **muy bien** very well; **pasarlo bien** to have a good time; **por bien o por mal** for better or worse; **sentirse (i, i) bien** to feel well
bien *n., m.* good; *pl.* goods; **agente** (*m., f.*) **de bienes raíces** real estate agent; **bienes raíces** *pl.* real estate
bienestar *m.* well-being
bienvenido/a welcome
billete *m.* ticket (*Sp.*); **billete de ida y vuelta** round-trip ticket
blanco/a white
bloqueado/a blocked, closed off
blusa blouse
boca mouth
boda wedding
boleto ticket (*L.A.*)
bolsa purse, handbag
bombardeo bombing
bondad *f.* goodness; kindness
bonito/a pretty, attractive
bordo: a bordo aboard, on board
bote *m.* rowboat; **andar** (*irreg.*) **en bote** to take a rowboat ride
botones *m. s.* bellhop
breve brief
brocheta brochette, skewer
broma joke; **en broma** as a joke, jokingly
buen, bueno/a *adj.* good; **buen día** good day (*greeting*) (*Arg.*); **buena suerte** good luck; **buenas noches** good evening/night; **buenas tardes** good afternoon; **buenos, buenas** good day, good afternoon/evening; **buenos días** good morning; **bueno** (*when answering the telephone*) hello (*Mex.*); **bueno** *adv.* all right
bufete *m.* lawyer's office
busca search; **en busca de** in search of
buscar (qu) to look for, seek; **andar** (*irreg.*) **buscando** to be looking for; **en busca de** in search of
búsqueda search, quest

C
cabaña cabin
cabeza head
cabezón, cabezona stubborn, hard-headed
cabo end
cacahuete *m.* peanut
cada *inv.* each, every; **cada vez más** more and more
caer (*irreg.*) to fall; **caerle bien/mal a (alguien)** to like (not like), make a good/bad impression on (someone)
café *m.* (cup of) coffee; café, coffee shop; **café con leche** *strong coffee served with warm or hot milk;* **café solo** black coffee
caja box, case, chest
calmado/a quiet, calm
calmante *m.* sedative
calmar to calm
callado/a silent, quiet
calle *f.* street
cama bed; **guardar cama** to stay in bed
cámara camera
cambiar (de) to change; **cambiarse de ropa** to change one's clothes

cambio change; exchange; **en cambio** on the other hand
caminar to walk
camino street, road; way; **camino a** on the way to
camión *m.* truck; bus (*Mex.*)
campana bell
campera short jacket (*Arg.*)
canasta basket
cancelar to cancel
cansado/a tired
cansar to tire; **cansarse** to get tired
cantar to sing
cantidad *f.* quantity, amount
cantina bar
capilla chapel
capital *f.* capital (city); *m.* capital (*money*)
captar to grasp; to depict; to pick up (*sound*)
capturar to capture
cara face; side
carácter *m.* character
caramelo caramel; candy
cardíaco/a *adj.* cardiac, heart; **ataque** (*m.*) **cardíaco** heart attack
cargo position; **poner** (*irreg.*) **a alguien a cargo (de)** to put (someone) in charge (of)
Caribe *n. m.* Caribbean
caribeño/a *n., adj.* Caribbean
cariño affection; **tomarle cariño a (alguien)** to start to have affection for (someone)
cariñoso/a affectionate
carne *f.* meat
caro/a expensive
carrera career, profession; course of study
carretera highway
carro car
carta letter; **jugar (ue) (gu) a las cartas por dinero** to gamble on cards
cartera wallet
casa house; home; **ama** (*f.* [*but* el ama]) **de casa** homemaker; **en casa** at home
casado/a married; **recién casado/a** recently married, newly wed
casar(se) (con) to marry (someone); to get married (to)
casi almost
casino casino
caso case; **hacer** (*irreg.*) **caso a** to pay attention to; **no hacer caso (de)** to pay no attention (to an issue)
casualidad: dar (*irreg.*) **la casualidad** to just happen; **por casualidad** by chance
causa cause; **a causa de** because of, on account of
causar to cause, be the cause of; **causar una buena impresión** to make a good impression
celebración *f.* celebration
celebrar to celebrate
celos jealousy; **tener** (*irreg.*) **celos (de)** to be jealous (of)
celoso/a jealous; **estar** (*irreg.*) **celoso/a (de)** to be jealous (of)
cementerio cemetery
cena dinner, supper
cenar to have dinner
censura censureship
centavo cent
centro center; downtown; **centro comercial** shopping center
cerca *adv.* near, nearby, close; **cerca de** *prep.* near (to)
cercano/a *adj.* close

ceremonia ceremony
cerrado/a closed
cerrar (ie) to close
certeza *f.* certainty
certificado certificate; **certificado de nacimiento** birth certificate
cerveza beer
ciego/a *n.* visually impaired person, blind person; *adj.* visually impaired, blind
cien, ciento (one) hundred
ciencia science; **ciencias económicas** economics
cierto/a true; certain; **es cierto** it's certain, true; **por cierto** by the way, certainly
cinco five
cine *m.* cinema, movie theater; **ir** (*irreg.*) **al cine** to go to the movies
circunstancia circumstance
ciudad *f.* city; **Ciudad de México** Mexico City
civil: guerra civil civil war
civilización *f.* civilization
claro/a clear; light (colors); **claro** *interj.* of course; **claro que sí** of course
clase *f.* class; kind; **clase alta** upper class; **clase baja** lower class; **dar** (*irreg.*) **una clase** to teach a class
clásico/a *adj.* classic(al)
cliente/a client
clínica clinic
cocinero/a *n.* cook, chef
coche *m.* car
coche-comedor *m.* dining car (*on a train*)
colaboración *f.* collaboration
colección *f.* collection
coleccionar to collect
colmo last straw
colonia colony; neighborhood (*Mex.*)
colonial colonial
color *m.* color
columna column
comedor *m.* dining room; **coche-comedor** (*m.*) dining car (*on a train*)
comentar to comment (on); to discuss
comentario comment; commentary
comenzar (ie) (c) to begin
comer to eat; **comerse** to eat up
comercial *adj.* commercial; **centro comercial** shopping center
comercio commerce, business
comestible *n. m.* food; *adj.* edible; **tienda de comestibles** food store
comida food; meal
comienzo *n.* beginning; **al comienzo** at the beginning
comino: me importa un comino I couldn't care less
como as (a); like; since; **tan ... como** as . . . as; **tan pronto como** as soon as; **tanto/a/os/as ... como** as much/many . . . as
¿cómo? how?, how's that?, what?, I didn't catch that
cómodo/a comfortable
compañero/a companion; mate, "significant other"
compañía company (*business*)
comparación *f.* comparison
comparar to compare
compartimento compartment
compartir to share
completar to complete
completo/a complete, full; **por completo** completely
complicado/a complicated
comportarse to behave oneself
composición *f.* composition

compra purchase; **hacer** (*irreg.*) **las compras** to shop; **ir** (*irreg.*) **de compras** to go shopping
comprar to buy
comprender to understand
comprensivo/a understanding
computación *f.* computer science
computadora computer (*L.A.*); **programación** (*f.*) **de computadoras** computer programming; **programador(a) de computadoras** computer programmer (*L.A.*)
común common; **en común** in common; **sentido común** common sense
comunicación *f.* communication
comunicarse (**qu**) (**con**) to communicate (with); to get in touch (with), contact
comunidad *f.* community
con with; **con destino a** bound for; **con frecuencia** frequently; **¿con quién?** with whom?; **con razón** understandably so
concentrar(se) to concentrate
concepto concept
concierto concert
conciliador(a) conciliatory
concluir (**y**) to conclude
conclusión *f.* conclusion
condición *f.* condition; **buenas/malas condiciones** *pl.* good/bad shape, condition
conducta conduct
conductor(a) conductor
conferencia lecture
confesar (**ie**) to confess
confesión *f.* confession
confianza confidence; **de confianza** trustworthy, reliable
confiar (**en**) to trust (in); to confide (in)
confirmar to confirm
conflicto conflict; **conflicto armado** armed conflict; **en conflicto** in conflict
confundir to confuse
confusión *f.* confusion
congreso convention; congress
conmemorar to commemorate
conmigo with me
conmovido/a moved (*emotionally*)
conocer (**zc**) to know, be acquainted with; to meet
consciente conscious
consecuencia consequence; **como consecuencia** as a result
conseguir (**i, i**) (**g**) to get, obtain, attain; to succeed in
consejo(s) advice
conservador (**g**) *adj.* conservative
considerar to consider
consigo with himself, with herself; with it; with them
consistir (**en**) to consist (of)
consulta *s.* consulting hours
consultar to consult
consumir to consume, use
contacto contact
contar (**ue**) to tell (about); to count; **contar con** to have; to rely on; to have available
contemplar to contemplate; to look at, study
contener (*like* **tener**) to contain
contenido *n. s.* contents
contento/a happy, content
contestar to answer
contigo with you (*fam.*)
continuación *f.* continuation; **a continuación** below, immediately after, following
continuar to continue, go on; to follow
contra against; **en contra** (**de**) against

contratar to hire
contrato contract
controlar to control
controversia controversy
convencer (**z**) to convince
convencido/a convinced
conversación *f.* conversation
conversar to converse
convertirse (**ie, i**) (**en**) to become; to change (into); to convert
copa goblet, wineglass; drink (*slang*)
copia copy
coquí *small tree frog indigenous to Puerto Rico which makes a characteristic musical sound*
corazón *m.* heart
corbata necktie
correcto/a correct, right
corregir (**i, i**) (**j**) to correct
correo mail; post office; (**por**) **correo aéreo** (by) airmail
correr to run; **correr riesgo** to run a risk
corresponder to correspond, match
corriente common, ordinary; **cuenta corriente** checking account
cortés, cortesa courteous, polite
corto/a brief, short (*in length*)
cosa thing
coser to sew
cosmopolita *m., f.* cosmopolitan
costa coast
costar (**ue**) to cost; **costarle trabajo** (**a alguien**) to be hard, take a lot of effort (for someone)
costumbre *f.* custom, habit
crédito: tarjeta de crédito credit card; **dar** (*irreg.*) **crédito** to believe
creer (**y**) (**en**) to think, believe (in); **creer que sí/no** to think (not think) so
criar to raise
criollo/a creole
crisis *f.* crisis
Cristo Christ
crítica criticism
criticar (**qu**) to criticize
cronológico: en orden cronológico in chronological order
cruz *f.* (*pl.* **cruces**) cross
cuaderno notebook
cuadra city block
cuadro painting; picture
cual *relative pron.* whom, which; **lo cual** which
¿cuál? what?, which?; **¿cuál (es)?** which one(s)?
cualidad *f.* quality
cualquier(a) whatever, whichever; any; **cualquier cosa** anything
cuando when
¿cuándo? when?
cuanto: en cuanto as soon as; **en cuanto a ...** as for, as far as . . . is concerned
cuánto/a how much, how many
¿cuánto/a? how much?; **¿cuántos/as?** how many?
cuarto *n.* fourth; quarter (*hour*); (bed)room
cuatro four
cubano/a *n., adj.* Cuban
cubierto/a (*p.p. of* **cubrir**) (**de**) covered (with)
cuenta account; bill, check; calculation; **cuenta corriente** checking account; **cuenta de ahorros** savings account; **darse** (*irreg.*) **cuenta** (**de**) to realize, become aware (of); **hacer** (*irreg.*) **cuentas** to do the accounts; **llevar (las) cuentas**

to keep the books; **revisar las cuentas,** to audit the accounts; **tener** (*irreg.*) **en cuenta** to keep in mind
cuento short story
cuero leather
cuestión *f.* question; problem; matter
cuidado care; **con cuidado** carefully; **tener** (*irreg.*) **cuidado** to be careful
culpa fault; blame; **tener** (*irreg.*) **la culpa** (**de**) to be to blame for, to be guilty (of)
culpabilidad *f.* guilt; **sentido de culpabilidad** sense of guilt or responsibility
culpable *n. m., f.* guilty person; responsible person; *adj.* guilty, responsible
cultura culture
cumpleaños *m. s.* birthday
cumplir to perform; to keep (a promise); **cumplir años** to have a birthday; **cumplir con** to live up to; to meet, fulfill
cuna birthplace
cuñado/a brother/sister-in-law
cupón *m.* ticket
cura *m.* priest; *f.* cure
curar to heal, cure
curioso/a curious
cuyo/a whose

CH
chaqueta jacket
cheque *m.* check
chico/a *adj.* little, small; *n.* boy, girl; *pl.* boys, girls; children
chocar (**qu**) (**con**) to run into, collide (with)
chófer *m.* chauffeur, driver
choque *m.* accident, collision

D
dar (*irreg.*) to give; **dar una clase** to teach a class; **dar con** to meet up with; **dar un paseo** to take a walk; **darle de alta** (**a alguien**) to release (someone) (*from an institution*); **darse cuenta** (**de**) to realize, become aware (of); **darse la mano** to shake hands
daño harm, injury
dato fact
de *prep.* of; from; **de acuerdo** OK, I agree; **de confianza** trustworthy, reliable; **de moda** fashionable; **de momento** for the moment; **de nacimiento** by birth; **de nada** you're welcome; **de nuevo** again; **¿de quién?** whose?; **de regreso** *adj.* return (*flight*); **de regreso a** on returning to; **de repente** suddenly; **de una vez** now, right away; **de vez en cuando** sometimes; **estar** (*irreg.*) **de acuerdo** (**con**) to agree, be in agreement (with); **más allá de** *prep.* beyond; **más de** more than; **vivir de** to live off of, support oneself by
deber *v.* should, ought to; to owe; **deber +** *inf.* should, must, ought to (*do something*); **deberse a** to be due to
deber *n. m.* duty
decidir to decide; **decidirse** to make up one's mind
decir (*irreg.*) to say, tell; **decir la verdad** to tell the truth; **es decir** that is to say
decisión *f.* decision; **tomar decisiones** to make decisions
declaración *f.* declaration
declarar to declare
dedicar (**qu**) to dedicate; **dedicarse** to dedicate oneself
defender (**ie**) to defend; **defenderse** to defend oneself; to get along/by

definitivo/a final, definitive

dejar to leave (behind); to let, allow; to quit

del (*contraction of* **de** + **el**) of the; from the

delante *adv.* ahead; **por delante** ahead (of one); **delante de** *prep.* in front of

delgado/a thin, slender

delicado/a delicate

demanda demand

demás: los/las demás the rest, the others, others, other people

demasiado *adv.* too, too much

demora delay

demostrar (ue) to show, demonstrate

dentista *m., f.* dentist

dentro de inside, within; **dentro de poco** very soon

depender (de) to depend (on)

dependiente *adj.* dependent

dependiente/a *n.* clerk

deportivo/a *adj.* sports

derecho *n.* law; right

derrumbarse to collapse, cave in

derrumbe *m.* collapse; caving in

desamparado/a abandoned

desarrollar to develop

desayunar to have breakfast

desayuno breakfast

descansar to rest; **que en paz descanse** may he/she rest in peace

descanso rest; relaxation

descendiente *m., f.* descendant

desconocido/a unknown

describir (*p.p.* **descrito/a**) to describe

descripción *f.* description

descrito/a (*p.p. of* **describir**) described

descubierto/a (*p.p. of* **descubrir**) discovered

descubrir (*p.p.* **descubierto/a**) to discover

desde *prep.* from; **desde hace años** for a number of years; **desde pequeño/a** since he/she was small; **desde que** *conj.* since

deseado/a desired

desear to want, wish; **desear** (+ *inf.*) to wish, want to (*do something*)

desembarcarse (qu) to land; to disembark

desempeñar to play, fulfill (*a role*)

deseo desire, wish

desesperado/a desperate

desgraciadamente unfortunately

despedida *n.* farewell, leave-taking, good-bye; **regalo de despedida** going-away present

despedir (i, i) to fire (*an employee*); **despedirse (de)** to say good-bye (to), take leave (of)

despegarse (gu) to take off (*airplane*)

despertar (ie) (*p.p.* **despierto/a**) to wake (*someone up*); **despertarse** to awaken, wake up

despierto/a awake; alert

despreciar to hold in low esteem

después *adv.* later, afterwards; **después de** *prep.* after; **después de que** *conj.* after

destino destiny; destination; **con destino a** bound for

detalle *m.* detail

deteriorar to deteriorate

determinar to determine

detrás de *prep.* behind

deuda debt

día *m.* day; **al día siguiente** the next day; **buenos días** good morning; **Día del Trabajo** Labor Day; **hoy día** today, nowadays; **todos los días** every day; **un par de días** a few days

dialecto dialect

diario/a daily; **vida diaria** *adj.* daily life; *n. m.* daily newspaper

dibujo drawing; sketch

dictador *m.* dictator

dicho/a (*p.p. of* **decir**) said

diez ten

diferencia difference

diferente different

difícil difficult, hard

dificultad *f.* difficulty

dinamismo dynamism

dinámico/a dynamic

dinero money

Dios *m. s.* God **gracias a Dios** *interj.* thank God; **gracias a Dios** *interj.* thank God

dirección *f.* address; direction

directamente directly

director(a) director; head, leader

dirigir (j) to direct, run

discreto/a discreet

disculpar to excuse, make excuses for; **disculparse** to apologize; **disculpe** pardon me, excuse me

discusión *f.* discussion; argument, (*verbal*) fight

discutir to discuss; to argue; to fight (*verbally*)

disgustar to dislike

disiparse to disappear

dispuesto/a (a) ready, willing (to)

distancia distance; **llamada de larga distancia** long-distance call

distinto/a distinct, different

distrito district; **distrito federal** federal district

dividirse to be divided

divorciarse (de) to divorce, get divorced (from)

doble double; **habitación** (*f.*) **doble** double room

dócil docile

doctor(a) doctor

documento document, paper

dólar *m.* dollar

dolor *m.* pain

doloroso/a painful

dominante dominant

dominar to dominate; to master

domingo Sunday

don *title of respect used with a man's first name*

donde where

¿dónde? where?; **¿de dónde?** from where?

doña *title of respect used with a woman's first name*

dormido/a asleep

dormir (ue, u) to sleep

drástico/a drastic

duda doubt

dudar to doubt; to hesitate

dudoso: es dudoso que it's doubtful that

dueño/a owner; **dueño/a de negocios** shop owner

durante during; for (*period of time*)

durar to last

duro/a hard; harsh

E

e and (*used instead of* **y** *before words beginning with* **i** *or* **hi**)

económico/a economic; economical; **ciencias económicas** economics

echar to throw out

edad *f.* age

edificio building

educación *f.* education

educado/a educated

efectivamente actually, in fact

efecto effect

egocéntrico/a egocentric, self-centered

egoísta *m., f.* egotistical, selfish

¿eh? *tag phrase with approximate English equivalent of* **okay?**

ejecutivo/a executive

ejemplo example; **por ejemplo** for example

ejercer (z) to exert; to practice (*a profession*)

ejército army

el the (*m. def. art.*)

él *sub. pron.* he; *obj. of prep.* him

elegante elegant

elegir (i,i) (j) to select, choose

elogio praise

ella *sub. pron.* she; *obj. of prep.* her

ello *pron. neut.* it

ellos/as *sub. pron.* they; *obj. of prep.* them

embarcarse (qu) to embark, board ship

embargo: sin embargo nevertheless

emoción *f.* emotion

emocionado/a moved, emotional

emocionante exciting

emotivo/a emotional

empanada turnover, pie

emperador *m.* emperor

empezar (ie) (c) to begin; **empezar a** + *inf.* to begin to (*do something*)

empleado/a employee

empresa firm, company, business; **administración** (*f.*) **de empresas** business administration

en in, on, at; **en la actualidad** at this time, nowadays; **en aquel entonces** back then, at that time, in those days; **en broma** as a joke, jokingly; **en busca de** in search of; **en cambio** on the other hand; **en casa** at home; **en común** in common; **en conflicto** in conflict; **en contra (de)** against; **en cuanto a ...** as far as . . . is concerned; **en este momento, en estos momentos** right now, currently; **en el fondo** deep down, at heart; **en forma** in good shape; **en general** generally, in general; **en realidad** actually, really; **en seguida** right away, immediately; **en venta** for sale; **pensar (ie) en** to think about

enamorado/a *n.* sweetheart; **estar** (*irreg.*) **enamorado/a (de)** to be in love (with)

enamorarse (de) to fall in love (with)

encantar to enchant, charm; to love, like

encanto *n.* charm, enchantment; delight

encarcelado/a imprisoned

encima *adv.* above; over; overhead; moreover; **encima de** *prep.* on top of

encontrar (ue) to meet; to find; **encontrarse** to find (*oneself*); **encontrarse con** to meet with

encuentro meeting, encounter

energía energy

enero January

enfadarse (con) to get angry (at, with)

enfermedad *f.* illness

enfermo/a *n.* sick person; *adj.* sick, ill

enfrentar to face, confront; **enfrentarse (con)** to deal with, face (*a problem*)

engañar to deceive

enojado/a angry

enojarse (con) to get angry (at)

ensayar to rehearse

entender (ie) to understand

enterarse (de) to find out (about)

entero/a entire, whole
enterrado/a buried, interred
entonces then, at that time
entrada entrance; price of admission
entrar (en/a) to enter, go (in)
entre between, among; **entre la espada y la pared** between a rock and a hard place
entregar (gu) to surrender; to hand over
entrevista interview
entrevistar to interview
envidia envy; **tenerle** (*irreg.*) **envidia (a alguien)** to envy (*someone*)
episodio episode
época epoch, period, era
equipado/a equipped
equis: sacar (qu) rayos equis to take X rays
equivocado/a mistaken
equivocarse (qu) to make a mistake
érase una vez once upon a time
error *m.* error
escalera step, stair; stairway; ladder; *pl.* stairs, steps
escapar(se) to escape
escena scene; stage
escribir (*p.p.* **escrito/a**) to write
escrito/a (*p.p. of* **escribir**) written
escritor(a) writer
escuchar to listen (to)
escuela school; **escuela secundaria** high school
escultor(a) sculptor
ese, esa *adj.* that; **ése, ésa** *pron.* that one
esencial essential
esfuerzo effort
eso that, that thing, that fact; **por eso** for that reason, that's why
esos/as *adj.* those; **ésos/as** *pron.* those (ones)
espada: entre la espada y la pared between a rock and a hard place
España Spain
español *m.* Spanish (*language*)
español(a) *n.* Spaniard; *adj.* Spanish; **mundo de habla española** Spanish-speaking world
especial special
especialista *m., f.* specialist
especializarse (c) (en) to specialize (in); to major (in)
especialmente especially
espectacular spectacular
espectáculo spectacle, show
esperanza(s) hope
esperar to wait (for); to hope; to expect
espíritu *m.* spirit; **espíritu de hierro** iron will
espontáneo/a spontaneous
esposo/a husband/wife; spouse; *m. pl.* husband and wife, spouses
estable *adj.* stable
establecer (zc) to establish; **establecerse** to establish oneself, get settled
estación *f.* station; season; resort; **estación de gasolina** gas station; **estación del tren** train station
estado state
Estados Unidos *pl.* United States
estadounidense *of or from the United States*
estancia ranch; stay, visit
estar (*irreg.*) to be; to be located; **está a** it's at (it's worth); **estar a punto de** to be about to; **estar al tanto** to be informed, up to date; **estar de acuerdo (con)** to agree, be in agreement (with); **estar ena-**

morado/a de to be in love with; **estar envidioso/a (celoso/a) (de)** to be envious (jealous) (of); **estar harto/a (de/con)** to be fed up (with); **estar listo/a** to be ready; **estar mal** to be ill; **estar por** (+ *inf.*) to be about to (*do something*); to be ready to (*do something*); **(no) estar seguro/a** (not) to be sure
este/a *adj.* this; **éste/a** *pron.* this one; **en este momento** right now, currently; **esta noche** tonight
estereotipo stereotype
estilo style
estimado/a dear (*correspondence salutation*)
estímulo stimulus
esto this, this thing, this matter
estos/as *adj.* these; **éstos/as** *pron.* these (ones); **en estos momentos** right now, currently
estrecho/a *adj.* narrow; close-knit; **relación** (*f.*) **estrecha(s)** close, intimate relationship
estrella star
estrenar to debut, perform for the first time
estricto/a strict
estudiante *m., f.* student
estudiar to study
estudio study; **estudios agrícolas** agricultural studies
etiqueta: de etiqueta formal (*dress*)
Europa Europe
europeo/a *n., adj.* European
exagerar to exaggerate
examen *m.* exam; examination
examinar to examine
excavación *f.* excavation
excavar to excavate
exclamar to exclaim
excluido/a excluded
excusa excuse
ex esposo/a ex-husband/wife
exhausto/a exhausted
existir to exist
éxito success; **tener** (*irreg.*) **éxito** to be successful
exótico/a exotic
experiencia experience; experiment
experimentar to experience
explicación *f.* explanation
explicar (qu) to explain
expresivo/a expressive
extranjero *n.* abroad; **en el extranjero** abroad
extranjero/a *n.* foreigner; *adj.* foreign; **lengua extranjera** foreign language
extrañar to miss, long for
extraño/a *n.* stranger; *adj.* strange
extravagancia folly
extrovertido/a extrovert

F

fabricar (qu) to manufacture, make
fácil easy
fácilmente easily
facultad *f.* faculty, school
falso/a *adj.* false
falta lack; **hacer** (*irreg.*) **falta** to be lacking, needed; **hacerle** (*irreg.*) **falta a alguien** to need (*something*)
faltar to be missing, lacking; to be absent
fama fame, reputation
familia family
familiar *n. m.* relation, member of the family; *adj.* family, related to the family

familiarizarse (c) to familiarize oneself
famoso/a famous
fascinante fascinating
fastidiar to "drive up a wall"
favor *m.* favor; **a favor** in favor; **por favor** please
favorito/a favorite
fe *f.* faith
fecha date
fechado/a dated
federal: distrito federal federal district
felicidad *f.* happiness
feliz (*pl.* **felices**) happy
feroz (*pl.* **feroces**) ferocious
ficción *f.* fiction
fiebre *f.* fever; **bajar la fiebre** to bring down one's fever; **tienes una fiebre alta** you (*fam.*) have a high fever; **tener** (*irreg.*) **una fiebre** to have a fever
fiesta party; holiday; festival; **dar** (*irreg.*) **una fiesta** to give a party
figura figure
figurar (en) to be important (in)
fijarse en to pay attention to, take notice of, concentrate on
fijo/a fixed
fin *m.* end; **fin de semana** weekend; **por fin** at last, finally
final *n. m.* end; *adj.* final; **al final** in the end; **al final de** at the end of
financiero/a financial
finanzas finances
fineza class, good taste
fino sherry
físico/a *adj.* physical
fondo background; *pl.* funds; **en el fondo** deep down, at heart
forma form
formación *f.* (professional) training; education
formar to form; to make; to shape; **formar parte de** to be or form a part of
foto(grafía) *f.* photo(graph); **tomar/sacar (qu) una foto** to take a picture, photograph
fotográfico/a photographic
fracaso failure
francés, francesa *n.* Frenchman, Frenchwoman; *adj.* French
Francia France
frase *f.* phrase; sentence
frecuencia frequency; **con frecuencia** often, frequently
frecuentar to frequent, go regularly to
frecuente frequent
frente a opposite, facing
fríamente coolly, coldly
frío *n.* cold; **hace (mucho) frío** it's (very) cold (*weather*)
frío/a *adj.* cold; **tener** (*irreg.*) **(mucho) frío** to be (very) cold
fructífero/a fruitful
fruta fruit
frutería fruit store
fue: se fue he/she went away
fuera *adv.* out, outside; **fuera de** *prep.* out(side) of
fuerte strong; nasty; hard
fuerza strength; *pl.* strength; forces
fumar: de (no) fumar (non)smoking section
funcionar to function, work (*machines*)
fundación *f.* foundation
fundar to found
funerario/a *adj.* funeral

furioso/a furious
fusilar to shoot
futuro *n.* future

G

galería gallery
ganador(a) winner
ganar to win; to earn; to gain
ganas: tener (*irreg.*) **ganas de** + *inf.* to feel like (*doing something*)
garganta throat
gasolina gasoline; **estación** (*f.*) **de gasolina** gas station
generación *f.* generation
general *n. m., adj.* general; **en general** generally, in general
generalización *f.* generalization
generoso/a generous
gente *f. s.* people
geografía geography
gerente *m., f.* manager
gobernar (ie) to govern, rule
gobierno government
golpe *m.* blow (*injury*)
gordito/a plump, fat
gordo/a fat
gracias thank you; **dar** (*irreg.*) **las gracias** to thank; **gracias a Dios** *interj.* thank God; **muchas gracias** thank you very much
grado grade; degree (*temperature*)
graduarse (en) to graduate (from)
gran, grande large, big; great
grave grave, serious
gripe *f.* influenza, flu
gritar to shout
grito shout; cry
grosero/a crude, brutish
gruñón, gruñona grouchy, irritable
grupo group
guantes *m.* gloves
guapo/a handsome; pretty
guardar to save, keep (*things, a secret*); to have; **guardar cama** to stay in bed
guerra war; **guerra civil** civil war
guía *m., f.* guide; **guía turístico/a** tour guide
guineo banana (*P.R.*)
guitarra guitar
gustar to like; to be pleasing to; **me gustaría** + *inf.* I would really like to (*do something*); **(no) gustarle** + *inf.* to (dis)like to (*do something*)
gusto pleasure; like, preference; taste; **mucho gusto** pleased to meet you

H

haber (*irreg.*) *inf. form of* **hay**; to have (*auxiliary*); to be; **va a haber** there's going to be
había there was, there were (*imperfect of* **hay**)
habitación *f.* room; **habitación doble** double room; **habitación individual** single room
habitante *m., f.* inhabitant
hablar to talk; to speak
hacendado/a wealthy rancher
hacer (*irreg.*) to do; to make; **desde hace años** for a number of years; **hace muchos años** many years ago; **hacer caso a** to pay attention to; **hacer las cuentas** to do the accounts; **hacer la maleta** to pack one's suitcase; **hacer una oferta** to make an offer; **hacer un** *picnic* to have a picnic; **hacer planes** to make

plans; **hacer una reservación** to make a reservation; **hacer un viaje** to take a trip; **hacerle preguntas (a alguien)** to ask (someone) questions; **hacerse tarde** to be getting late; **no hacer caso (de)** ... to pay no attention (*to an issue*); **no hacerle caso (a alguien)** to ignore (someone); **se me hace tarde** it's getting late
hacia toward
hacienda estate, hacienda
hambre *f.* (but **el hambre**) hunger; **tener** (*irreg.*) **hambre** to be hungry
harto/a: estar (*irreg.*) **harto/a (de/con)** to be fed up (with)
hasta *prep.* until; **hasta finales de** until the end of; **hasta luego** until later, see you later; **hasta mañana** until tomorrow, see you tomorrow; **hasta pronto** see you soon; **hasta** *conj.* even; **hasta que** *conj.* until; **¿hasta qué punto?** up to what point?
hay there is, there are; **no hay** there is not/are not; **no hay de qué** you're welcome (*form.*)
hecho fact; **de hecho** in fact
hecho/a (*p.p. of* **hacer**) made, done
helado ice cream
helicóptero helicopter
herido/a wounded
hermanastro/a stepbrother, stepsister
hermano/a brother, sister (*family; religious vocation*); *m. pl.* brothers and sisters; **medio/a hermano/a** half brother, half sister
hermoso/a beautiful
hierro iron; **espíritu de hierro** iron will
hijastro/a stepson, stepdaughter
hijo/a son, daughter; child; *m. pl.* children; **hijo/a único/a** only child
hispánico/a *adj.* Hispanic
histérico/a hysterical
historia history; story
histórico/a historic(al)
hoja leaf; sheet of paper
hojear to leaf through, glance through; to scan
hola hello, hi
hombre *m.* man; **hombre de negocios** businessman; **tienda de ropa para hombres** men's clothing store
honestidad *f.* honesty
honesto/a honest
honrar to honor
hora hour; time; **¿a qué hora?** at what time?
horizonte *m.* horizon
hospital *m.* hospital
hotel *m.* hotel
hoy today
huérfano/a *n., adj.* orphan
humano/a human; **ser** (*m.*) **humano** human being

I

ida *n.* departure; **billete** (*m.*) **de ida** one-way ticket; **pasaje** (*m.*) **de ida y vuelta** round-trip ticket (fare)
identidad *f.* identity
identificar (qu) to identify
idioma *m.* language
iglesia church
igual equal; the same
imaginación *f.* imagination
imaginar(se) to imagine
imaginativo/a imaginative

impaciente impatient
impacto impact
imperio empire
importancia importance
importante important
importar to be important, matter; **me importa un comino** I couldn't care less
imposible impossible
impresión *f.* impression; **causar una buena impresión** to make a good impression
impresionado/a impressed
impresionante impressive
improbable improbable
incidente *m.* incident
incluir (y) to include
inconsciente unconscious
incorrecto/a incorrect
independencia independence
independiente independent
indicar (qu) to indicate, point out
indiferencia indifference
indiferente indifferent
indígena *n., m., f.* native; *adj.* indigenous, native
individual: habitación (*f.*) **individual** single room
industria industry
industrial *n. m.* industrialist, manufacturer
inesperado/a unexpected
infancia childhood
influencia influence
influir (y) to influence
información *f.* information
informar to inform; **informarse** to inquire, find out
ingenuo/a naive, ingenuous
inglés *m.* English (*language*)
iniciar to initiate; to start
inmediatamente immediately, right away
inolvidable unforgettable
insinuar to insinuate, hint at; **insinuarse** to ingratiate
insistir (en) to insist (on)
instalarse to establish oneself, settle in
instante *m.* instant
instinto instinct
insultar to insult
inteligente intelligent
intención *f.* intention
intenso/a intense
intentar to try, attempt
intento intention; attempt
interacción *f.* interaction
interés *m.* interest
interesante *adj.* interesting
interesar to interest, be of interest; **interesarse (en)** to be interested (in)
interior *n. m.* interior
internacional international
interrumpido/a interrupted
intervenir (*like* **venir**) to intervene; to interfere
invadir to invade
inventar to invent
inversión *f.* investment
investigación *f.* investigation
investigar (gu) to investigate
invitar to invite (*with the intention of paying*)
involucrar to involve, implicate
inyección *f.* shot, injection; **ponerle** (*irreg.*) **una inyección** to give (someone) a shot, injection

ir (*irreg.*) to go; **ir a + inf.** to be going to (*do something*); **ir a un parque** to go to a park; **ir de compras** to go shopping; **irse** to go away, leave (*for a place*); **va a haber** there's going to be; **¿vamos?** shall we go?; **¡vamos!** *interj.* let's go!
irónico/a ironic
isla island
Italia Italy
italiano/a *n., adj.* Italian

J
jamás never
jardín *m.* garden
jefe/a boss
joven *n., m., f.* young person; *adj.* young
jubilado/a *n.* retired person; *adj.* retired
judío/a *n.* Jew; *adj.* Jewish
juego game; gambling
jugador(a) player; gambler
jugar (ue) (gu) (a) to play (*a game or sport*); **jugar (por dinero)** to gamble; **jugar al póquer** to play poker
junto a next to; **junto con** together with
juntos/as together
justificar (qu) to justify
justo *adv.* just, exactly; **justo ahora** right now, just now

L
la the (*f. def. art.*); **a la(s) ...** at (*hour*)
la *d.o.* you (*form. s.*), her, it (*f.*)
lado side; **al lado de** beside, next to; **de al lado** next door; **por un/otro lado** on the one (other) hand
lágrima tear
largamente at length, for a long time
largo/a long; **llamada de larga distancia** long-distance call; **a lo largo de** during
las the (*pl. f. def. art.*); you (*pl. f. form. pers. pron.*), them (*pl. f. pers. pron.*); *pron.* those; **las demás** the rest, the others, others, other people
le *i.o.* to/for you (*form. s.*), him, her, it
lástima *n.* pity; **es (una) lástima** it's a shame
lastimado/a hurt
latino/a Latin; **América Latina** Latin America
Latinoamérica Latin America
latinoamericano/a *n., adj.* Latin American
le *i.o.* to/for you (*form. s.*), him, her, it
leer (y) to read
legal legal
legitimidad *f.* legitimacy
legítimo/a legitimate
legumbre *f.* vegetable
lejos far away; **lejos de** *prep.* far from
lengua language; tongue; **lengua extranjera** foreign language; **sacar (qu) la lengua** to stick out one's tongue
les *i.o.* to/for you (*form. pl.*), them
lesión *f.* injury, wound, lesion
letra letter (*of alphabet*); lyrics; *pl.* liberal arts
levantar to lift, raise; **levantarse** to get up; to rise up, rebel
libre free; **ratos libres** free time, spare time
libro book
ligar (gu) con to pick (someone) up
limitado/a limited
limpiar to clean
lindo/a pretty
línea line
lista list

listo/a estar (*irreg.*) **listo/a** to be ready, prepared; **ser** (*irreg.*) **listo/a** to be bright, smart
literario/a literary; **obras literarias** literary works
literatura literature
lo *d.o.* you (*form. s.*), him, it (*m.*); **lo antes posible** as soon as possible; **lo cual** which; **lo más posible** as much as possible; **lo más pronto posible** as soon as possible; **lo que** what, that which; **lo siento** I'm sorry
lograr to manage to, be able
los the (*pl. m. def. art.*); *d.o.* you (*form. pl.*), them (*m.*); *pron.* those; **los demás** the rest, the others, others, other people
lotería lottery
lucha fight
luchar to fight
luego then, next; later; **desde luego** of course; **hasta luego** until later, see you later
lugar *n. m.* place; **en primer lugar** in the first place, firstly; **tener** (*irreg.*) **lugar** to take place
luna moon; **luna de miel** honeymoon
luz *f.* (*pl.* **luces**) light

LL
llama: se llama (he/she) is called, named
llamada *n.* call; **llamada de larga distancia** long-distance call; **llamada telefónica** telephone call
llamado/a named; so-called
llamar to call (out); to call (*by phone*); **llamar la atención** to attract attention; **llamarse** to be called, named
llave *f.* key
llegada arrival
llegar (gu) to arrive; **llegar a ser** to become
lleno/a full, filled
llevar to take; to carry; to wear; to have spent (time); **llevar (las) cuentas** to keep the books; **llevarse bien/mal (con)** to get along well/badly (with)
llorar to cry, weep

M
macho male, manly, macho
madre *f.* mother
madrugada *f.* dawn
maestro/a teacher; master
mal, malo/a *adj.* bad; *adv.* badly; **andar** (*irreg.*) **mal** to be going badly; **caerle** (*irreg.*) **mal (a alguien)** to not like, make a bad impression on (someone); **estar** (*irreg.*) **mal** to be ill; **llevarse mal (con)** to get along badly (with); **manejar mal** to manage (*something*) badly; **pasarlo mal** to have a bad time; **sentirse (ie, i) mal** to feel bad, ill
maleta suitcase; **hacer** (*irreg.*) **la maleta** to pack one's suitcase
mandar to send; to order
mandón, mandona bossy
manejar to drive; **manejar (bien/mal)** to manage (*something*) (well/badly)
manera manner, way
manía mania
mano *f.* hand; **darse** (*irreg.*) **la mano** to shake hands
mantener (*like* **tener**) to maintain, keep up; to support (*a family*)
manzana apple; city block (*Sp.*)

mañana *adj.* morning; *adv.* tomorrow
mapa *m.* map
mar *m., f.* sea
marcar (qu) to mark
marco frame
margarita daisy; drink made with tequila
marinero/a sailor
marisco shellfish; *pl.* seafood
más more; most; plus; **a más tardar** at the latest; **cada vez más** more and more; **lo más posible** as much as possible; **lo más pronto posible** as soon as possible; **más allá de** *prep.* beyond; **más de** more than; **más o menos** more or less; **más tarde** later
mateo carriage; **andar** (*irreg.*) **en mateo** to take a carriage ride
materia subject *pl.* courses
matricularse to matriculate; enroll
matrimonial marital
matrimonio marriage; married couple
maya *n., m., f.* Mayan; *adj.* Mayan
mayo May
mayor bigger; biggest; older; oldest; greater; main
mayoría majority
mayoritario/a pertaining to the majority
me *d.o.* me; *i.o.* to/for me; *refl. pron.* myself; **¿me permite... ?** could you give me . . . ?
mecánico mechanic
media thirty (*half past*) (*with time*)
médico/a *n. m., f.* doctor; *adj.* medical
medida measure, step
medio *n.* middle; means; medium; environment; culture
medio/a *adj.* half; average; **medio/a hermano/a** half brother, half sister
Mediterráneo Mediterranean
mejor better; best
mejorar to improve; to raise
memoria memory; **de memoria** by heart
mencionar to mention
menino/a *young page of the royal family; young lady-in-waiting*
menos less; least; minus; except; **a menos que** unless; **al menos** at least; **echar de menos** to miss, long for; **más o menos** more or less; **por lo menos** at least
mensaje *m.* message
mercadillo market
mercado market
mes *m.* month
meseta plain, plateau
mestizo/a *n., adj.* mestizo
meta goal
meterse (en) to get involved (with, in); to meddle (in)
México Mexico; **Ciudad** (*f.*) **de México** Mexico City
mexicano/a *n., adj.* Mexican
mexicoamericano/a *n. adj.* Mexican American
mi(s) *poss.* my
mí *obj. of prep.* me; myself
miedo: tener (*irreg.*) **miedo (de)** to be afraid (of)
miel *f.* honey; **luna de miel** honeymoon *f.*
miembro member
mientras *conj.* while; *adv.* meanwhile; **mientras tanto** meanwhile
mil (one) thousand
milagro miracle
militar *n.* soldier, military man; *adj.* military
mimado/a spoiled, overindulged

mínimo/a minimal
minuto minute
mío/a(s) *poss.* my; mine; of mine
mirar to look (at); to watch
mismo/a same; **ahora mismo** right now; **al mismo tiempo** at the same time; **sí mismo/a** himself, herself, itself
misterioso/a mysterious
moda fashion, mode; **de moda** fashionable
modelo *n.* model
modelo *adj. m., f.* model
moderar to moderate
moderno/a modern
modificar (qu) to modify
moldear to mold
molestar to bother, annoy; **molestarse** to get irritated
molestia bother; **siento la molestia** I'm sorry to bother you
momento moment; **de momento** for the moment; **en este momento, en estos momentos** right now, currently; **por el momento** for the time being
moneda coin
monumento monument
morir(se) (ue, u) (*p.p.* **muerto/a**) to die
mostrar (ue) to show
motivo motif; motive; **el motivo por el cual** the reason why
muchacho/a young boy/girl
mucho *adv.* much, a lot of
mucho/a *adj.* a lot of; *pl.* many; **muchas gracias** thank you· very much; **muchas veces** often; **mucho gusto** pleased to meet you
mudarse to move (*from one residence or city to another*)
muerte *f.* death
muerto/a (*p. p. of* **morir**) dead
muestra proof
mujer *f.* woman; wife; **mujer de negocios** businesswoman; **tienda de ropa para mujeres** women's clothing store
mujeriego/a womanizer
mundial world(wide)
mundo world; **Nuevo Mundo** New World; **todo el mundo** the whole world; everybody
muralista *m., f.* muralist
murmurar to murmur, whisper
museo museum; **visitar un museo** to visit a museum
música music
mutuo/a mutual
muy very; **muy bien** very well

N

nacer (zc) to be born
nacimiento birth; **certificado de nacimiento** birth certificate; **de nacimiento** by birth
nación *f.* nation
nacional national
nada *pron.* nothing, not anything; *adv.* not at all
nadar to swim
nadie no one
naranja *n.* orange (*fruit*)
narración *f.* narration
narrador(a) narrator
natal natal, native
necesario/a necessary
necesidad *f.* necessity, need
necesitar to need
negativa *n.* refusal

negativo/a *adj.* negative
negocio(s) business; shop; **dueño/a de negocios** shop owner; **hombre** (*m.*) **de negocios** businessman; **mujer** (*f.*) **de negocios** businesswoman
ni neither, nor
nieto/a grandson, granddaughter; *m. pl.* grandchildren
ningún, ninguno/a *adj.* no, none, not any; **en ninguna parte** not anywhere, nowhere
ninguno/a *pron.* not one, not any
niño/a young boy, young girl; young child; *m. pl.* young children
no no; not; **¿no?** right?, don't they (you, *etc.*)?; **no hay** there is not/are not; **ya no** no longer
noche *f.* night, evening; **buenas noches** good evening/night; **esta noche** tonight; **por la noche** in the evening
nombre *m.* (first) name; **a nombre de** in the name of
norte *m.* north
Norteamérica North America
norteamericano/a *n., adj.* North American; *adj.* from the United States; **fútbol** (*m.*) **norteamericano** football
nos *d.o.* us; *i.o.* to/for us; *refl. pron.* ourselves
nosotros/as *sub. pron.* we; *obj. of prep.* us
nota note; grade, mark (*in schoolwork*); **sacar (qu) buenas/malas notas** to get good/bad grades
notar to note, notice; **notarse** to be noted
noticia piece of news; *pl.* news
novela novel; **leer (y) novelas** to read novels
novio/a boyfriend, girlfriend; fiancé(e)
nuestro/a(s) *poss.* our
nuevo/a new; **de nuevo** again
número number
nunca never, not ever

O

o or
obelisco obelisk
objeto object
obra work (*of art, literature, etc.*); play; **obra de teatro** play, dramatic work; **obra literaria** literary work
observar to observe; watch
obsesionarse to be(come) obsessed
obtener (*like* **tener**) to obtain, get
obvio/a obvious
ocasión *f.* occasion
océano ocean; **Océano Atlántico** Atlantic Ocean; **Océano Pacífico** Pacific Ocean
ocultar to hide
ocupado/a busy
ocupar to occupy; **ocuparse** to occupy oneself
ocurrir to happen, occur; **ocurrirse** to come to mind
ocho eight
ofensa offense, affront
ofensivo/a offensive
oferta offer; **aceptar la oferta** to accept the offer; **hacer** (*irreg.*) **una oferta** to make an offer; **oferta de trabajo** job offer
oficial *adj.* official
oficina office
oír to hear; to listen
ojalá (que) God willing; I hope
ojo eye; **¡ojo!** *interj.* watch out!, be careful!, pay close attention!; **ojos expresivos** expressive eyes

olvidar(se) (de) to forget (about)
omitir to omit, leave out
once eleven
ópera opera
opinar to think, have an opinion
opinión *f.* opinion
oponer(se) (*like* **poner**) to oppose; to be opposed
oportunidad *f.* opportunity
oportuno/a opportune
optimista *m., f.* optimist; *adj.* optimistic
oración *f.* sentence
orden *m.* order (*chronological*); *f.* order (*command*); **en orden** (*m.*) **cronológico** in chronological order
orfanato orphanage
organización *f.* organization
organizar (c) to organize
orgulloso/a proud
oro gold
os *d.o.* you (*fam. pl. Sp.*); *i.o.* to, for you (*fam. pl. Sp.*); *refl. pron.* yourselves (*fam. pl. Sp.*)
otoño autumn
otro/a other, another

P

paciente *n., m., f.* patient; *adj.* patient
pacífico/a peaceful; **Océano Pacífico** Pacific Ocean
padrastro stepfather
padre *m.* father; priest; *pl.* parents
pagar (gu) to pay (for)
página page
país *m.* country, nation
palabra word
paloma pigeon
panorámico/a panoramic
pantalón, pantalones *m.* pants
papá *m.* dad, father
papel *m.* paper; role
par *m.* pair; **un par de** a pair of; **un par de** (**días**) a few (days)
para *prep.* for, in order to; **no es para tanto** it's not that big of a deal; **para que** *conj.* so that, in order that (for)
paradero whereabouts, location
parar to stop
parecer (zc) *v.* to seem, appear; **parecerse a** to be similar to; to resemble
parecer *n. m.* appearance
parecido *n.* resemblance
parecido/a *adj.* (*p.p. of* **parecer**) similar
pared *f.* wall; **entre la espada y la pared** between a rock and a hard place
pareja couple
pariente *m.* relative, family member
parque *m.* park
párrafo paragraph
parrilla grill
parrillada barbecue
parte *f.* part; **por parte** (**de alguien**) on behalf of (someone)
participar to participate
particular *adj.* particular; private; *n.* matter
partido game, match; (political) party; side
pasado *n.* past
pasaje *m.* passage, fare; ticket; **pasaje de ida y vuelta** round-trip fare
pasajero/a *adj.* passing; *n.* passenger
pasaporte *m.* passport
pasar to happen; to pass (*someone*); to come by; to pass, spend (*time*); **pasar por** to come by to pick up (*someone, something*); **pasarlo bien/mal** to have a

good/bad time; **para saber qué pasó** to find out what happened
pasatiempo hobby
pasear to stroll, take a walk
paseo walk; drive; avenue; **dar** (*irreg.*) **un paseo** to take a walk
paso step; float (*in parade*); passing, passage
pastelería pastry shop; bakery
paterno/a paternal
patio patio; yard
patriarca *m.* patriarch (*male head of the family*)
patrocinador(a) sponsor; backer
paz *f.* peace; **que en paz descanse** may he/she rest in peace
peaje *m.* toll; tollbooth
pedir (i, i) to ask for, order
pelea fight
pelear(se) (con) to fight (with)
película movie, film
peligro danger
peligroso/a dangerous
pelo hair
pena punishment; sorrow; **es una pena** it's a pity; **me da pena** I'm sorry; **(no) vale la pena** it's (not) worth the trouble; **¡qué pena!** *interj.* what a pity!
pensar (ie) to think; to intend to (*do something*); **para pensar** something to think about; **pensar en** to think about
pensativo/a thoughtful, pensive
peor *adv.* worse; worst
pequeño/a small; **desde pequeño/a** since he/she was small
pera pear
percusión *f.* percussion
perder (ie) to lose; to miss; **perderse (ie)** to get lost
pérdida loss
perdón *m.* pardon; *interj.* pardon me, excuse me
perdonar to pardon; **perdone** *interj.* pardon me, excuse me
perfecto/a perfect
periódico newspaper
permanente permanent
permiso permission
permitir to permit, allow; **¿me permite ... ?** could you give me . . . ?
pero *conj.* but
perplejo/a perplexed
perro/a dog
persistente persistent
persona person
personaje *m.* character
personal *n. m.* personnel; *adj.* personal
personalidad *f.* personality
pertenecer (zc) to belong
pesadilla nightmare
pesar to weigh
pesar: a pesar de in spite of
pescadería fish market
pescadero/a fishmonger; fishwife
pescado (*caught*) fish
peseta *monetary unit of Spain;* **peseta puertorriqueña** quarter (*U.S. coin used as monetary unit of Puerto Rico*)
pesimismo pessimism
pesimista *n, m., f.* pessimist; *adj.* pessimistic
peso *monetary unit of Mexico;* weight; **bajar de peso** to lose weight
picnic *m.* picnic; **hacer** (*irreg.*) **un picnic** to have a picnic
pintar to paint
pintor(a) painter

pintura painting
plan *m.* plan; **hacer** (*irreg.*) **planes** to make plans
plano (turístico) map (*of a city*)
plátano banana
plaza plaza, square; place
pobre *n., m., f.* poor person; *adj.* poor
poco *n.* **un poco de** a little
poco *adv.* little; **poco a poco** little by little; **por poco** almost, nearly
poco/a *adj.* little; *pl.* few, a few; **al poco tiempo** shortly after
poder *v.* (*irreg.*) to be able, can; *n. m.* power
¿podría + *inf.*? could I (*do something*)?; is it possible for me to (*do something*)?
poema *m.* poem
poesía poetry
policía police
poliéster *m.* polyester
político/a *n.* politician; *adj.* political
poner (*irreg.*) to put, place; to put on; **poner (a alguien) a cargo (de)** to put (someone) in charge (of); **ponerle una inyección (a alguien)** to give (someone) a shot, injection; **ponerse + *adj.*** to become + *adj.* **ponerse a mando** to take command
por *prep.* by; in (*the morning, evening, etc.*); through; along; for; because of; per; **estar** (*irreg.*) **por** (+ *inf.*) to be about to (*do something*); to be ready to (*do something*); **pasar por** to come by to pick up (*someone, something*); **por bien o por mal** for better or worse; **por casualidad** by chance; **por cierto** by the way; certainly; **por completo** completely; **por delante** ahead of one; **por desgracia** unfortunately; **por Dios** *interj.* for heaven's sake; **por ejemplo** for example; **por eso** for that reason, that's why; **por excelencia** par excellence; **por favor** please; **por fin** at last, finally; **por un lado** on the one hand; **por lo general** generally, in general; **por la mañana** in the morning; **por lo menos** at least; **por el momento** for the time being; **por otro lado** on the other hand; **por parte (de alguien)** on behalf of (*someone*); **por poco** almost, nearly; **por primera vez** for the first time; **por su propia cuenta** on his/her/its/your/their own account; **por supuesto** of course; **por la tarde/noche** in the afternoon (evening); **por teléfono** by telephone; **por todas partes** all over; everywhere; **por última vez** for the last time
¿por qué? why?
porque because
portarse to behave; **portarse + *adj.*** to act + *adv.*
poseer (y) to possess
posibilidad *f.* possibility
posible possible; **lo antes posible** as soon as possible; **lo más pronto posible** as soon as possible
posición *f.* position
postal *f.* postcard; **tarjeta postal** postcard
práctica practice
pragmático/a pragmatic
precio price
precisamente precisely, exactly
preferir (ie, i) to prefer
pregunta question; **hacerle** (*irreg.*) **preguntas (a alguien)** to ask (someone) questions

preguntar to ask (*a question*); **preguntarse** to wonder; to ask oneself
prehispánico/a *n., adj.* pre-Hispanic
premio prize
preocupación *f.* preoccupation, worry
preocupar(se) to worry
preparación *f.* preparation
preparar to prepare
preparativos preparations
presentar to present; to introduce; **presentarse** to appear
presente *n. m. adj.* present
presentimiento presentiment, premonition
presentir (ie, i) to have a presentiment of
presidencial presidential
presidente *m., f.* president
prestigio prestige
previo/a previous
primo/a: materia prima raw material
primaria: (escuela) primaria elementary school
primavera spring
primer, primero/a first; **amor** (*m.*) **a primera vista** love at first sight; **en primer lugar** in the first place, firstly; **(por) primera vez** (for the) first time
princesa princess
principal main, principal
príncipe *m.* prince
principio beginning; **al principio** at first; at the beginning
prisa haste; **tener** (*irreg.*) **prisa (por +** *inf.*) to be in a hurry (*to do something*)
privado/a private, personal; **vida privada** personal life
probable probable
probar (ue) to try (on); to taste (*food*); to prove
problema *m.* problem
problemático/a problematic
producción *f.* production
producir (zc) to produce
productor(a) producer
profesión *f.* profession
profesional *adj.* professional; **secreto profesional** confidentiality
profesor(a) teacher, professor
profundo/a profound
programación (*f.*) **de computadoras** computer programming
programador(a) programmer; **programador(a) de computadoras** computer programmer (*L.A.*)
promesa promise
prometer to promise
pronto soon; **lo más pronto posible** as soon as possible; **tan pronto como** as soon as
propietario/a proprietor, owner
propio/a *adj.* own, one's own; **por su propia cuenta** on his/her/its/your/their own account
proponer (*like* **poner**) to propose
prosperar to prosper
próspero/a prosperous
proteger (j) to protect
protestar (por) to protest (about)
provocar (qu) to provoke
proyecto project
prueba(s) proof; test
psicología psychology
psicológico/a psychological
psiquiatra *m., f.* psychiatrist
psiquiatría psychiatry
pueblo people; town
puente *m.* bridge

puerta door; **tocar (qu) la puerta** to knock on the door

puerto port

puertorriqueño/a *n., adj.* Puerto Rican

pues *interj.* well

puesto *n.* position, job

puesto/a (*p.p. of* **poner**) put, placed

punto point; (**estar** [*irreg.*]) **a punto de** (to be) at the point of; about to

Q

que that, who; **lo que** what, that which; **para que** so that, in order that (for); **que en paz descanse** may he/she rest in peace; (**el mes, el año ...**) **que viene** the coming, next (month, year . . .); **ya que** since

¿qué? what?; which?; **¡qué +** *noun/adj./ adverb!* *interj.* what a . . . !; how . . .!; **¡qué barbaridad!** how awful!; **¿qué diablos?** what the devil?; **¡qué pena!** what a pity!; **¿qué tal?** how are you (doing)?; how about . . . ?; **¿qué tal si ... ?** what if . . .? **¡qué va!** don't put me on!; **¡qué vergüenza!** how embarrassing!; **¿y qué?** so what?; what do you want me to do?

quedar to be situated; **quedar +** *adj.* to be + *adj.;* **quedarse** to stay, remain; to be left; **quedarse +** *adj.* to become + *adj.*

quejarse (de) to complain (about)

querer (*irreg.*) to wish, want; to love

querido/a (*p.p. of* **querer**) (**de**) *adj.* dear; loved (by)

quien who

¿quién(es)? who?, whom?; **¿a quién?** to whom?; **¿con quién?** with whom?; **¿de quién?** whose?; **¿para quién?** for whom?

quisiera + *inf.* I would like to (*do something*)

quizá(s) maybe, perhaps

R

radicar (qu) to live; to be located

raíz (*pl.* **raíces**) root; (**agente** [*m., f.*] **de**) **bienes** (*m. pl.*) **raíces** real estate (agent)

rápido/a rapid, fast; express, fast (*train*)

raro/a rare, uncommon; odd, peculiar

rato while, short time; period of time; **ratos libres** *pl.* spare time, free time

rayo ray; **rayos X** X rays; **sacar (qu) rayos X** to take X rays

razón *f.* reason, cause; reason, faculty of reasoning; **con razón** understandably so; **tener** (*irreg.*) **razón** to be right

razonable reasonable

reacción *f.* reaction

reaccionar to react

realidad *f.* reality; **en realidad** actually, really

realista *n. m., f.* realist; *adj.* realistic

realizar (c) to carry out; to fulfill, accomplish

realmente really, truly; actually

recepción *f.* front desk (*in a hotel*); reception

recepcionista *m., f.* receptionist

recibir to get, receive; to receive (*visitors*)

recibo receipt

reciente recent; fresh

recoger (j) to pick up; to go for

recomendación *f.* recommendation

recomendar (ie) to recommend

reconciliarse (con) to be reconciled, come together; to make up (with)

reconocer (zc) to recognize; to acknowledge

recordar (ue) to remember, recall; to recol-

lect; **recordarle (algo) (a alguien)** to remind (someone) of (something)

recuerdo memory; memento, souvenir

recuperar to recover, retrieve

recurrir(a) to resort (to)

recurso natural natural resource

rechazar (c) to reject; **rechazar la oferta** to reject the offer

rechazo rejection

referirse (ie, i) (a) to refer (to)

reflexión *f.* reflection

reflexionar (sobre) to reflect (on)

reflexivo/a reflective, thoughtful

refrescarse (qu) to refresh oneself

regalo gift, present

regresar to return, come or go back

regreso *n.* return; **de regreso a** on returning to

regular fair, average; common, ordinary

rehacer (*like* **hacer**) to remake, make over

reino kingdom

relación *f.* relation, relationship; **relación estrecha** close, intimate relationship

relacionar to relate; to associate

relativo/a relative

religioso/a religious

remar to row

remolcar (qu) to tow

renunciar to renounce, give up (*right, claim*); to resign (*post, position*)

reparaciones *f.* repairs; **taller** (*m.*) **de reparaciones** repair shop

reparar to repair

repaso *n.* review

repente: de repente suddenly

repetir (i, i) to repeat

reponerse (*like* **poner**) to recover (*from an illness*); to get better

reportaje *m.* article; report; special feature

reporte *m.* report

reportero/a reporter

representar to represent; to act, perform; to show, express

reprochar to reproach

requerir (ie, i) to require

rescatar to save, rescue

rescate *m.* rescue

reservación *f.* reservation (*L.A.*); **hacer** (*irreg.*) **una reservación** to make a reservation

resolver (ue) (*p.p.* **resuelto/a**) to resolve; to solve

respetar to respect

responder to respond

responsabilidad *f.* responsibility

respuesta answer

restaurante *m.* restaurant

resto *n.* rest

resultado result

resumen *m.* summary

resumir to sum up, summarize

retrato portrait

reunión *f.* meeting, gathering

reunirse (con) to get (back) together (with); to be reunited (with)

revelación *f.* revelation; unveiling

revelar to reveal

revisar to check, inspect; **revisar las cuentas** to audit accounts

revista magazine

revolución *f.* revolution

rezongón, rezongona *n.* grouch, grumbler; *adj.* grouchy

rico/a *n. m., f.* rich person; *adj.* rich; wealthy; tasty, delicious (*food*); abundant (*crops*)

rojo/a red

romántico/a romantic

ropa clothing; **cambiarse de ropa** to change one's clothes; **tienda de ropa para hombres/mujeres** men's/women's clothing store

rosa rose; rose color

ruta route, way

S

S.A. (sociedad anónima) Inc. (incorporated; stock company)

sábado Saturday

saber (*irreg.*) to know (*information*); **saber +** *inf.* to know how (*to do something*)

sacar (qu) to get out; to take out; to take out, withdraw (*from an account*); to get, receive (*grades*); **sacar buenas/malas notas** to get good/bad grades; **sacar una foto** to take a picture, photograph; **sacar la lengua** to stick out one's tongue; **sacar rayos X (equis)** to take X rays

sacrificar (qu) to sacrifice

sala living room; **sala de cine/teatro** theater

salida departure

salir (*irreg.*) to leave (*a place*), go out; to turn out

salud *f.* health; **¡salud!** *interj.* to your health!

saludar to greet

saludo greeting

salvar to save; to rescue

san, santo/a saint; holy

sano/a healthy; wholesome; sound

satisfacer (*like* **hacer**) (*p.p.* **satisfecho/a**) to satisfy

se (*impersonal*) one; *refl. pron.* yourself (*form.*), himself, herself, yourselves (*form.*), themselves

secadora clothes dryer

sección *f.* section

secretario/a secretary

secreto secret; **secreto profesional** confidentiality

secundaria secondary; **(escuela) secundaria** high school

seda silk

seguida: en seguida right away, immediately

seguir (i, i) (g) to follow; to continue; to keep on

según according to

segundo *n.* second (*time*)

seguro/a *adj.* sure, certain; safe; **(no) estar** (*irreg.*) **seguro/a** (not) to be sure; **seguro que** of course, certainly

semana week; **fin** (*m.*) **de semana** weekend

semestre *m.* semester

sencillo/a simple

sensible sensitive

sentar (ie) to seat, lead to a seat; **sentarse** to sit, sit down

sentido sense; **sentido común** common sense; **sentido de culpabilidad** sense of guilt or responsibility

sentimiento feeling

sentir (ie, i) to feel; to regret; to feel sorry about; **lo siento** I'm sorry; **sentirse** to feel; **sentirse bien/mal** to feel well/bad (*ill*)

señal *f.* signal; sign

señor (Sr.) *m.* Mr., sir; gentleman, man

señora (Sra.) *f.* Mrs., lady, woman

señores (Sres.) *m. pl.* Mr. and Mrs.; gentlemen

señorita (Srta.) Miss; young lady, woman
separar(se) to separate
septiembre *m.* September
ser (*irreg.*) to be; **es cierto** it's certain; **es decir** that is to say; **es una pena** it's a pity; **llegar (gu) a ser** to become; **ser listo/a** to be bright, smart; **ser unido/a** to be united, close-knit, close
ser *n. m.* being; life; **ser humano** human being
serenidad *f.* serenity
sereno/a calm, serene
serie *f.* series; (TV) series
serio/a serious; **tomar en serio** to take seriously
servicio service
servir (i, i) to serve; to be suitable, useful; **servir de** to serve as, act as
sexto/a sixth
si if
sí yes; **claro que sí,** *interj.* of course
sí mismo/a himself, herself, oneself, itself
sicología psychology
sicólogo/a psychologist
siempre always
siesta siesta, nap; **dormir (ue, u) la siesta** to take a siesta, nap; **tomar una siesta** to take a siesta, nap
siete seven
significado meaning; significance
significar (qu) to mean
siguiente next, following; **al día siguiente** the next day
silenciar to silence
silencio silence
simpático/a nice, pleasant
sin *prep.* without; **sin embargo** nevertheless; **sin que** *conj.* without
sincero/a sincere
sino but (rather)
sinónimo synonym
sistema *m.* system
sitio site, place
situación *f.* situation
sobre *n. m.* envelope; *prep.* about; on; **sobre todo** above all
sobrino/a nephew, niece; *pl.* nieces and nephews
sociedad *f.* society; **sociedad anónima (S.A.)** incorporated; stock company (Inc.)
socioeconómico/a socioeconomic
sol *m.* sun
solamente only
solas: a solas alone; in private
soldado soldier
soler (ue) + *inf.* to tend to be, be in the habit of (*doing something*)
sólo *adv.* only
solo/a *adj.* alone; sole
soltero/a single
solución *f.* solution
solucionar to solve
sombrero hat
sonar (ue) to sound; to ring
sonrisa smile
soñador(a) dreamy
soñar (ue) (con) to dream (about)
sorprender to surprise; **sorprenderse** to be surprised
sorpresa surprise
sospechar to suspect
su(s) *poss.* his, her, its, your (*form. s., pl.*), their
subir (a) to go up
suceder to happen
suceso event

sucursal *f.* branch office
Sudamérica South America
suegro/a father-in-law, mother-in-law; *m. pl.* in-laws
sueño dream; sleep; **tener** (*irreg.*) **(mucho) sueño** to be (very) sleepy
suerte *f.* luck; **buena/mala suerte** good (bad) luck; **número de la suerte** lucky number; **por suerte** fortunately, luckily; **tener** (*irreg.*) **(buena) suerte** to be lucky, in luck; **tener** (*irreg.*) **mala suerte** to be unlucky
suficiente enough, sufficient
sufrir to suffer
sugerencia suggestion
sugerir (ie, i) to suggest
superar to get through; to overcome
suplicar (qu) to implore, pray
supuesto: por supuesto of course
sur *m.* south
sustantivo (*gram.*) noun
sustituir (y) to substitute
sustituto/a *n., adj.* substitute
susto scare, fright
sutileza subtlety
suyo/a(s) *poss.* your, of yours (*form. s., pl.*) his, of his; her, (of) hers; its; their, of theirs

T

tabla table, list (*of figures, etc.*); board
tal such (a); a certain (fellow) called; **como tal** as such; **con tal (de) que** so that; **¿qué tal?** how are you (doing)?; how about . . . ?; **¿qué tal si . . . ?** what if . . . ?; **tal como** just as, exactly the same as; **tal vez** perhaps, maybe
talento talent
taller *m.* shop (*for manufacturing or repair*); repair shop (*automobiles*); **taller de reparaciones** repair shop
también also, too
tampoco neither, not either
tan as, so; **tan . . . como** as . . . as; **tan pronto como** as soon as
tanto *adv.* so much; **estar** (*irreg.*) **al tanto** to be informed, up to date; **mientras tanto** meanwhile; **no es para tanto** it's not that serious; **tanto como** as much as
tanto/a/os/as *adj.* as much/many; so much/many; **tanto/a/os/as . . . como** as much . . . as
tardar to be long; to be or take a long time; **tardar (en)** + *inf.* to be or take a long time (to) (*do something*)
tarde *n. f.* afternoon, evening; **buenas tardes** good afternoon; **por la tarde** in the afternoon
tarde *adv.* late; **hacerse** (*irreg.*) **tarde** to be getting late; **llegar (gu) tarde** to arrive late; **más tarde** later; **se me hace tarde** it's getting late
tarjeta de crédito credit card
tarjeta postal postcard
tasa rate; **tasa de desempleo** unemployment rate
taxi *m.* taxicab
taxista *m., f.* taxicab driver
te *d.o.* you (*fam. s.*); *i.o.* to, for you (*fam. s.*); *refl. pron.* yourself (*fam. s.*)
teatro theater; **obra de teatro** play, dramatic work
telefonear to telephone
telefónico/a *adj.* telephone; **llamada telefónica** telephone call
teléfono telephone; **por teléfono** by telephone

telegrama *m.* telegram
(tele)visión *f.* television (*broadcasting medium*)
televisor *m.* television set
tema *m.* theme, topic
temer to fear, be afraid of
temperatura temperature; **tomarle (a alguien) la temperatura** to take (*someone's*) temperature
tener (*irreg.*) to have; **que tenga (un) buen viaje** have a nice trip; **tener . . . años** to be . . . years old; **tener (buena) suerte** to be lucky, in luck; **tener celos (de)** to be jealous (of); **tener la culpa (de)** to be to blame (for); to be guilty (of); **tener en cuenta** to keep in mind; **tenerle envidia (a alguien)** to envy (someone); **tener éxito** to be successful; **tener una fiebre** to have a fever; **tener ganas de** + *inf.* to feel like (*doing something*); **tener hambre** to be hungry; **tener lugar** to take place; **tener miedo** to be afraid; **tener prisa (por** + *inf.*) to be in a hurry (*to do something*); **tener que** + *inf.* to have to (*do something*); **tener que ver con** to have to do with, be related to (*a topic*); **tener (toda la) razón** to be (absolutely) right
tensión *f.* tension
terapia therapy
terminar to end, be over; **al terminar . . .** when . . . is/was over
ternura tenderness
territorio territory
testamento will, testament
texto text
ti *obj of prep.* you (*fam. s.*); **contigo** with you
tiempo time; weather; (*gram.*) tense; **al mismo tiempo** at the same time; **al poco tiempo** shortly after; **todo el tiempo** all the time, the whole time, all along
tienda store, shop; **tienda de antigüedades** antique store; **tienda de comestibles** food store; **tienda de ropa para hombres/mujeres** men's/women's clothing store
tímido/a timid
tío/a uncle, aunt; *m. pl.* uncles and aunts
típico/a typical
tipo type, kind; guy
titi *fam.* form of **tía**
título title; diploma, degree
tocar (qu) to touch; to play (*musical instrument*); **tocar la puerta** to knock on the door
todavía still, yet
todo *n.* whole; all, everything; **ante todo** above all; **sobre todo** above all
todo/a *adj.* all, every; **de todas formas** in any case; **por todas partes** all over, everywhere; **todo el tiempo** all the time, the whole time, all along; **todo el mundo** the whole world; everybody; **todos los días** every day
tolerar to tolerate
tomar to take; to have something to eat or drink; **tomar el aire** to get some fresh air, go for a walk; **tomar un autobús (barco, avión, taxi, tren)** to take a bus (ship, plane, taxi, train); **tomar decisiones** to make decisions; **tomar en serio** to take seriously; **tomar una foto(grafía)** to take a picture, photograph; **tomar el pulso** to feel the pulse; **tomar una siesta** to take a siesta, nap; **tomarle (a alguien) la tem-**

peratura to take (someone's) temperature; **tomarle cariño (a alguien)** to start to have affection for (someone)
tormenta tempest, storm
torre *f.* tower
trabajador(a) *n.* worker; *adj.* hard-working
trabajar to work; **trabajar de** to work as; **trabajar de noche** to work at night
trabajo work; school paper, report; job
tradicional traditional
traer (*irreg.*) to bring
tragamonedas: máquina tragamonedas slot machine
tragedia tragedy
traje *m.* suit; dress, costume
tranquilidad *f.* tranquility
tranquilo/a calm, peaceful; quiet
tras *prep.* after
tratar to treat; to deal with; **tratar de** + *inf.* to try to (*do something*); **tratar de tú** to use informal address (**tú**) in conversation; **tratarse de** to be a question of
través: a través de through, across
tren *m.* train; **estación** (*f.*) **del tren** train station
triste sad
tristeza sadness
triunfar to triumph
tropas troops
tu(s) *poss.* your (*fam. s.*)
tú *sub. pron.* you (*fam. s.*); **tratar de tú** to use informal address (**tú**) in conversation
tumba tomb
túnel *m.* tunnel
turístico/a *adj.* tourist; **guía** (*m., f.*) **turístico/a** tourist guide; **plano turístico** map (*of a city*)
tutear to use the informal address (**tú**) in conversation
tuyo/a(s) *poss.* your, of yours

U

u or (*used instead of* **o** *before words beginning with* **o** *or* **ho**)
último/a last, final, ultimate; latest; **por última vez** for the last time; **última vez** last time
un, uno/a one; a, an (*indefinite article*); *pl.* some, a few, several
único/a unique; only; **hijo/a único/a** only child
unido/a united; close-knit, close; **ser unido/a** to be united, close-knit, close; **Estados Unidos** United States
universidad *f.* university

universitario/a *adj.* university
urgencia: de urgencia emergency
urgente urgent
usar *v.* to use
usted (Ud., Vd.) *sub. pron.* you (*form. s.*); *obj. of prep.* you (*form. s.*)
ustedes (Uds., Vds.) *sub. pron.* you (*form. pl.*); *obj. of prep.* you (*form. pl.*)
útil *adj.* useful

V

vacaciones *f. pl.* vacation
vacilar to vacillate
vago/a vague
valentía bravery
valer (*irreg.*) to be worth; **(no) vale la pena** it's (not) worth the trouble
valor *m.* worth, value; *pl.* values
valorar to value
¿vamos? shall we go; **¡vamos!** *interj.* let's go!
vanidoso/a vain, conceited
varios/as various; several
vecino/a *n.* neighbor; *adj.* neighboring
veinte twenty
veinticinco twenty-five
vendedor(a) salesclerk
vender to sell; **se vende(n)** for sale
venida arrival; return
venir (*irreg.*) to come; **que viene** coming, next
venta sale; **en venta** for sale
ver (*irreg.*) to see; **a ver** let's see, let's have a look; **tener** (*irreg.*) **que ver con** to have to do with; be related to (*a topic*)
verano summer
verbo verb
verdad *f.* truth; really?; **decir** (*irreg.*) **la verdad** to tell the truth; **¿verdad?** right?
verdadero/a true, real
verde green
verduras greens, vegetables
vergüenza shame; **tener** (*irreg.*) **vergüenza** to be embarrassed
vestido dress; suit
veterinario/a veterinarian
vez *f.* (*pl.* **veces**) time, occasion; **a la vez** at the same time; **a veces** at times, sometimes; **alguna vez** ever; **de vez en cuando** sometimes; **érase una vez** once upon a time; **muchas veces** often; **otra vez** again; **(por) primera vez** (for the) first time; **por última vez** for the last time; **tal vez** perhaps, maybe; **última vez** last time; **una vez** once; **una vez más** one more time

viajar to travel
viaje *m.* trip; **hacer** (*irreg.*) **un viaje** to take a trip; **que tenga (un) buen viaje** have a nice trip
viajes: agencia de viajes travel agency; **agente** (*m., f.*) **de viajes** travel agent
vicepresidente/a vice-president
vicio bad habit, vice
vida life; **llevar una vida ...** to lead a . . . life; **vida diaria** daily life; **vida privada** personal life
viejo/a *n.* old woman, old man; *adj.* old
violado/a violated
violar to violate; to rape
visión *f.* vision
visita *f.* visit; visitor
visitar to visit
vista view (of); sight; **amor** (*m.*) **a primera vista** love at first sight
viudo/a widower/widow
vivir to live; **vivir de** to live off of, support oneself by
vivo/a alive, live, living
voluntad *f.* will, willingness
volver (ue) (*p.p.* **vuelto/a**) to return; **volver a** + *inf.* to do (*something*) again; **volverse** to become, turn into
vos *sub. pron. s. and pl.* you (*substitute for* **tú**) (*Arg.*)
vosotros/as *sub. pron.* you (*fam. pl. Sp.*); *obj. of prep.* you (*fam. pl. Sp.*)
vuelo flight
vuelta return; **a la vuelta** around the corner; **billete** (*m.*) /**pasaje** (*m.*) **de ida y vuelta** round trip ticket (fare); **estar** (*irreg.*) **de vuelta** to be back; to have returned; **pasaje** (*m.*) **de ida y vuelta** round trip fare
vuestro/a(s) *poss.* your (*fam. pl. Sp.*); of yours (*fam. pl. Sp.*)

X

X: rayos X X rays; **sacar (qu) rayos X** to take X rays
xenofobia xenophobia

Y

y and; **¿y qué?** so what?; what do you want me to do?
ya already; now; later, later on; right away, at once; at last; **ya lo creo** of course; **ya no** no longer; **ya que** since
yerno son-in-law
yo *sub. pron.* I

INDEX OF CHARACTERS

This index includes the names of most of the characters who appear in *Destinos*, alphabetized by their first name in most cases. Photographs are included for many characters as well, along with a brief description of them and a city in which they live.

Alfredo Sánchez, Madrid, España. A reporter who meets Raquel.

Ángel Castillo del Valle, Buenos Aires, Argentina. Son of Fernando Castillo Saavedra and Rosario del Valle.

Ángela Castillo Soto, San Juan, Puerto Rico. Daughter of Ángel Castillo and María Luisa Soto.

el Dr. Arturo Iglesias, Buenos Aires, Argentina. A psychiatrist and the son of Rosario and Martín Iglesias.

Blanca Núñez, San Juan, Puerto Rico. A real estate agent.

Carlitos Castillo, Miami, Florida. Son of Carlos and Gloria and grandson of don Fernando.

Carlos Castillo Márquez, Miami, Florida. One of don Fernando's sons and director of the Miami office of the family company.

Carlos Soto Contreras, San Juan, Puerto Rico. One of Ángela's uncles.

Carmen Contreras de Soto, San Germán, Puerto Rico. Ángela and Roberto's grandmother.

Carmen Márquez de Castillo, La Gavia, México. Second wife of don Fernando and mother of their four children, Ramón, Carlos, Mercedes, and Juan.

Carmen Soto, San Juan, Puerto Rico. One of Ángela's aunts.

el ciego, Sevilla, España. He sells lottery tickets.

Cirilo, Estancia Santa Susana, Argentina. A gaucho and ex-employee of Rosario.

Consuelo Castillo, La Gavia, México. Don Fernando's daughter-in-law, she lives at La Gavia with her husband Ramón and daughter Maricarmen.

Dolores Acevedo, San Germán, Puerto Rico. A longtime household employee of doña Carmen and her family.

Elena Ramírez de Ruiz, Sevilla, España. Daughter-in-law of Teresa Suárez and mother of Miguel and Jaime. Her husband is Miguel Ruiz.

Federico Ruiz Suárez, Madrid, España. Son of Teresa Suárez, Federico is a guitar maker.

Fernando Castillo Saavedra, La Gavia, México. Patriarch of the Castillo family, don Fernando initiates the investigation that is carried out by Raquel Rodríguez.

Flora, Buenos Aires, Argentina. Wife of José, a sailor.

Francisco (Pancho) Rodríguez Trujillo. *See* Pancho Rodríguez Trujillo.

Gloria Castillo, Miami, Florida. Carlos's wife and mother of Juanita and Carlitos.

Guillermo, New York, New York. Pati's assistant director at the university theater.

Héctor Condotti, Buenos Aires, Argentina. An experienced sailor and friend of Ángel.

Isabel Santiago, San Juan, Puerto Rico. A bank executive.

Jaime Ruiz Ramírez, Sevilla, España. Grandson of Teresa Suárez and son of Miguel Ruiz.

Jaime Soto Contreras, San Juan, Puerto Rico. One of Ángela's uncles.

Jorge Alonso, San Juan, Puerto Rico. Ángela's boyfriend and a professor of theater at the University of Puerto Rico.

José, Buenos Aires, Argentina. A sailor and friend of Héctor.

Juan Castillo Márquez, New York, New York. The youngest child of don Fernando and a professor of literature at New York University; married to Pati.

Juanita Castillo, Miami, Florida. Daughter of Carlos and Gloria.

el Dr. Julio Morelos, Toluca, México. The Castillo family physician.

Laura Soto, San Juan, Puerto Rico. One of Ángela's cousins and the daughter of tío Jaime.

Luis Villarreal, Los Angeles, California. The former boyfriend of Raquel.

Lupe, La Gavia, México. A household employee of the Castillo family at La Gavia.

Manuel Díaz, Sevilla/Madrid, España. A schoolteacher who meets Raquel.

Manuel Domínguez, New York, New York. The producer of Pati's current play.

María, Madrid, España. Federico's girlfriend, who teaches flamenco dancing.

María Luisa Soto de Castillo, San Juan, Puerto Rico. Daughter of doña Carmen and wife of Ángel Castillo.

María Orozco de Rodríguez, Los Angeles, California. Raquel's mother.

la Hermana María Teresa, un pueblo, México. A nun who gives Ángela and Raquel a place to rest and bathe.

Maricarmen Castillo, La Gavia, México. Daughter of Ramón and Consuelo.

Mario, Buenos Aires, Argentina. A storekeeper in the La Boca district.

Martín Iglesias, Buenos Aires, Argentina. Second husband of Rosario, stepfather of Ángel Castillo, and father of Arturo Iglesias.

Mercedes Castillo Márquez, La Gavia, México. Don Fernando's only daughter, who lives at La Gavia with her father.

Miguel Ruiz Ramírez, Sevilla, España. Grandson of Teresa Suárez and son of Miguel Ruiz.

Miguel Ruiz Suárez, Sevilla, España. Son of Teresa Suárez and father of Miguel and Jaime.

Ofelia, Miami, Florida. Carlos's Cuban-born secretary.

Olga Soto Contreras, San Juan, Puerto Rico. One of Ángela's aunts.

Osito, Sevilla, España. A dog purchased by Miguel and Elena Ruiz for their sons, Miguel and Jaime.

Pancho Rodríguez Trujillo, Los Ángeles, California. Raquel's father.

Pati Castillo, New York, New York. The wife of Juan and professor of theater at New York University, as well as a writer/director.

Pedro Castillo Saavedra, México, D.F., México. Law professor at the National University of México and brother of don Fernando.

Pepe, Sevilla, España. A barber in Sevilla.

Ramón Castillo Márquez, La Gavia, México. The oldest son of don Fernando. He runs Castillo Saavedra, S.A.

Raquel Rodríguez Orozco, Los Angeles, California. A lawyer contracted by Pedro Castillo to conduct the investigation.

Roberto Castillo Soto, San Juan, Puerto Rico. Son of Ángel Castillo and María Luisa Soto.

Roberto García, Sevilla, España. A taxi driver from the Triana district.

el Padre Rodrigo, un pueblo, México. A priest who offers comfort to Raquel and Ángela.

Rosario del Valle de Iglesias, Buenos Aires, Argentina. First wife of don Fernando Castillo.

el Dr. Salazar, Guadalajara, México. A specialist who examines don Fernando.

Teresa Suárez, Madrid, España. Friend of Rosario who writes the letter to don Fernando that initiates the investigation.

Virginia López Estrada, México, D.F., México. A real estate agent.